सरदार पटेल के प्रमुख निर्णय

बेजोड़ नेता

"हमें जो स्वाधीनता मिली है, जैसे-जैसे उसका महत्त्व हम समझते जाएँगे, वैसे-वैसे ही हमारे हृदयों में सरदार पटेल का सम्मान बढ़ता जाएगा। वर्ष 1916-17 से अपने जीवन के अन्तिम समय तक महात्मा गाँधीजी ने जितने बड़े-बड़े कार्य किए, जो भी आन्दोलन उन्होंने चलाए, जो भी कदम उन्होंने उठाए, उन सभी में सरदार वल्लभभाई का भाग इतना बड़ा रहा है कि यदि कोई यह कहे कि गाँधीजी के जो विचार और कार्यक्रम होते थे, उनको व्यावहारिक स्वरूप सरदार पटेल प्रदान करते थे, तो ऐसा कहना एकदम सही होगा। महात्मा गाँधीजी का उन पर इतना विश्वास था कि प्रत्येक कार्य में वे सरदार से परामर्श करना अपने लिए आवश्यक मानते थे। इतना ही नहीं, मैं यह भी कह सकता हूँ कि कभी-कभी सरदार का मत उनसे नहीं भी मिलता था, लेकिन अन्त में जब किसी बात का निर्णय हो जाता था, तब जो कुछ निर्णय होता था, सरदार उसका पालन किया करते थे। महात्मा गाँधीजी की मृत्यु से सरदार को कितना बड़ा आघात लगा, उसका अनुमान आप नहीं लगा सकते। जितना भी उनसे होता था, उसे गाँधीजी के दिखाए मार्ग पर चलकर ही वे करते थे। जो कार्य शेष रह गया, उसे भी इसी मार्ग से पूर्ण करने में अपने जीवन के अन्तिम समय तक वे जुटे रहे। जो कुछ भी अपने अन्तिम काल में उन्होंने किया, उसको सर्वाधिक महाराजा लोग जानते होंगे। सैंकड़ों राज्यों को भारत में सम्मिलित करने के लिए उन्होंने जो कुछ भी किया, इतने बड़े कार्य का उदाहरण तो हमारे देश के इतिहास में नहीं है, और मैं समझता हूँ कि विश्व के अन्य देशों के इतिहास में भी नहीं है। यह कोई सरल कार्य नहीं था।"

– **राजेन्द्र प्रसाद**

(प्रथम राष्ट्रपति, भारत-गणराज्य)

सरदार पटेल
के
प्रमुख निर्णय

डॉ० रवीन्द्र कुमार

Publications

कल्पाज़ पब्लिकेशंस

दिल्ली-110052

सरदार पटेल के प्रमुख निर्णय

ISBN : 81-7835-555-8

भारत में सन् 2007 में प्रकाशित

कल्पाज़ पब्लिकेशंस

सी-30, सत्यवती नगर, दिल्ली-110052

फोन : 23261060, 23282060

फैक्स : ++91-11-23282060

ई-मेल : kalpaz@hotmail.com

मोबाइल : 9212729499

लेज़र टाईप सैटिंग : दिनेश कुमार

मुद्रित : सालासार ऐमेजिंग सिस्टम, दिल्ली

अनुक्रम

प्राक्कथन

इतिहासकार और भारतीय शिक्षाशास्त्री डॉ० रवीन्द्र कुमार द्वारा सरदार वल्लभभाई पटेल के ऐतिहासिक निर्णयों पर आधारित पुस्तक का प्राक्कथन लिखते हुए मैं प्रसन्नता का अनुभव कर रहा हूँ।

महात्मा गाँधी के नेतृत्व में भारत की स्वाधीनता के लिए हुए संघर्ष और स्वतंत्रता के बाद देश के नवनिर्माण के लिए सरदार पटेल का जो योगदान है, उस पर प्रत्येक देशवासी गर्व कर सकता है और उससे बहुत कुछ सीख भी सकता है।

देश की एकता के निर्माण को सरदार पटेल का सबसे बड़ा कार्य माना जाता है, और वास्तव में वह बहुत बड़ा कार्य था भी। लेकिन कई दूसरी गम्भीर समस्याओं के सम्बन्ध में तीव्रगति से और उचित निर्णय लेकर जिस तरह से उन्होंने देश को सँभाला, वह आने वाले सैंकड़ों वर्षों तक भारतवासियों का मार्गदर्शन करता रहेगा।

सरदार पटेल बहुमुखी प्रतिभा से सम्पन्न थे। संगठन करने की क्षमता, निर्णय को कार्यान्वित करने और अनुशासन का दृढ़ता से पालन कराने में वे बेजोड़ थे। उनकी दृष्टि और सोच स्पष्ट तथा बहुत व्यापक थी। उनकी सोच के केन्द्र में देशहित था। इसीलिए वे निर्णय लेकर उसे ऐतिहासिक बना देते थे।

सरदार पटेल की कार्यशैली बेबाक थी। उसमें निष्क्रियता और विवशता को कोई स्थान नहीं था। समाज और देश के लिए कार्य करने

वाले या ऐसा करने की इच्छा रखने वाले उनकी कार्यशैली और निर्णय-क्षमता से मार्गदर्शन लेकर आगे बढ़ें, तो उसके श्रेष्ठ और सकारात्मक परिणाम सामने आएँगे। देश की एकता, अखण्डता और उन्नति का मार्ग प्रशस्त होगा।

डॉ० रवीन्द्र कुमार ने इस पुस्तक के माध्यम से सरदार पटेल द्वारा जीवन में विभिन्न अवसरों पर लिए गए प्रमुख निर्णयों, जो वास्तव में ऐतिहासिक हैं, को प्रस्तुत करके श्रेष्ठ कार्य किया है। उनके ऐसे अनछुए पहलुओं को भी डॉ० कुमार ने उजागर किया है, जो हमारे स्वाधीनता आन्दोलन के समय और स्वतंत्रता के पहले 3-4 वर्षों के घटनाक्रम की वास्तविकताएँ हैं।

निःसंदेह डॉ० रवीन्द्र कुमार के इस महत्त्वपूर्ण कार्य का सर्वत्र स्वागत होगा और पाठक इससे भरपूर लाभ उठाएँगे।

– पी० वी० नरसिंह राव

भूमिका

निर्णय व्यक्तित्व अथवा राष्ट्र के भाग्य के निर्माण का आधार होते हैं; ये ही इनके पतन का कारण भी बनते हैं। लेकिन निर्णय लेना अपरिहार्य है; बिना इसके तो जीवन ठहर ही जाएगा! आदिकाल से चला आ रहा यह नियम अपरिवर्तनीय है। इतिहास साक्षी है, इस सत्यता का कि विश्व के सभी देशों के भाग्यों का निर्णयों, जो इनके कर्णधारों ने समय-समय पर लिए, के फलस्वरूप जहाँ एक ओर उदय हुआ, वहीं दूसरी ओर अनेक बार असमय लिए गए निर्णयों के कारण भाग्य बिगड़े भी हैं। इतिहास इस वास्तविकता का भी साक्षी है कि समयानुकूल, जनता और राष्ट्र के हितार्थ, उचित एवं दृढ़ निर्णय लेकर उनके कार्यान्वयनोपरान्त अनेक लोग अमर हो गए; मानव से वे महामानव बन गए।

प्राचीनकाल से ही, समय-समय पर, लिए गए निर्णयों के आधार पर अमर हो जाने वालों की एक लम्बी सूची है। इस सूची को कुछ-एक पृष्ठों में ही नहीं दिया जा सकता। तो भी यदि मैं कहूँ कि मर्यादा पुरुषोत्तम राम अथवा गौतम बुद्ध के महामानव बनने के पीछे भी उनके द्वारा लिए गए निर्णय ही थे, तो इसमें कोई अतिशयोक्ति नहीं होगी; मेरा ऐसा कहना अनुचित नहीं होगा।

मर्यादा पुरुषोत्तम राम अथवा गौतम बुद्ध असाधारण व्यक्तित्व थे; महामानव से भी वे ऊपर थे। अनेक व्यक्तियों के लिए वे आज भी

आदर्श हैं; वे उनकी श्रद्धा और आदर का आधार हैं। इन दोनों का, निर्णय के सन्दर्भ में उल्लेख करना केवल प्रसंगवश ही है। संसारभर में अनेक मानव अपने निर्णयों के कारण ही महामानव बने, जैसा कि मैंने पहले ही उल्लेख किया है। बहुत दूर जाने की आवश्यकता नहीं, अमरीका के पूर्व राष्ट्रपति अब्राहम लिंकन को ही लें। वे अमरीकी समाज से दासप्रथा की समाप्ति के अपने निर्णय के कारण सैंकड़ों वर्षों तक स्मरण किए जाते रहेंगे। उनका यही एक निर्णय उन्हें अनेक व्यक्तियों का प्रिय व आदरणीय बना सका; अमरीका के राष्ट्रपति पद से उन्हें कहीं अधिक ऊँचा उठा सका। लेकिन अब्राहम लिंकन को मेरे द्वारा यहाँ उद्धृत किया जाना भी मात्र एक प्रसंगवश बात ही है। किसी अन्य की तुलना उनसे करने वाली कोई बात बिल्कुल नहीं।

कोई भी क्षेत्र हो, अर्थात सामाजिक, राजनीतिक, धार्मिक या फिर बौद्धिक, यदि किसी व्यक्ति को उस क्षेत्र का अग्रणी माना जाता है, अथवा दूसरे शब्दों में, उसे उस क्षेत्र विशेष में उसकी महान उपलब्धियों के कारण स्मरण किया जाता है, कार्यों और विचारों के लिए उसके अनुकरण की बात की जाती है, तो निश्चित ही उस व्यक्ति द्वारा अपने क्षेत्र में, देशकाल की परिस्थितियों में, उचित और दृढ़तापूर्वक लिए गए निर्णय ही इन सब बातों का आधार होते हैं।

सुकरात महान विचारक थे; आत्मा की आवाज़ का अनुसरण करने वाले थे। इस आवाज़ के मुकाबले में संसार के किसी दूसरे स्वर की उन्हें चिन्ता नहीं थी। यहाँ तक कि आत्मिक स्वर के अनुरूप लोगों को शिक्षा देने के कारण ही उन्हें मृत्युदण्ड मिला। उन्होंने इस दण्ड को स्वीकार करने का निर्णय लिया, जिसने उन्हें बौद्धिक क्षेत्र में हजारों

वर्ष के लिए अमर कर दिया। कदाचित् वे अपने विचारों या शिक्षाओं के आधार पर इतने प्रसिद्ध न हो पाते, जितने कि अपने उक्त निर्णय के कारण वे प्रसिद्ध हुए, साथ ही महान भी समझे गए; यद्यपि उनका यह दृढ़ निर्णय भी उनके विचारों की सम्पुष्टि तथा उनके अनुपालनार्थ ही था।

चाणक्य यदि पूरब के महान राजनीतिज्ञ और कूटनीतिज्ञ माने गए हैं, तो इसीलिए कि उन्होंने इन क्षेत्रों, अर्थात राजनीति व कूटनीति में दृढ़, अनुकूल, त्वरित तथा ठोस निर्णय लिए जाने की बात की; स्वयं ऐसे ही निर्णय लिए भी। इसी प्रकार उनके शिष्य चन्द्रगुप्त मौर्य के सन्दर्भ में कहा जा सकता है तथा ऐसा ही सैकड़ों वर्षों के उपरान्त भारत में सत्तारूढ सम्राट हर्षवर्धन के विषय में भी कह सकते हैं।

दसवें सिक्ख गुरु गोबिन्द सिंह वीरता का उदाहरण थे। उन्होंने आम और खास-सभी-को न्याय प्राप्ति हेतु वीर बनने की शिक्षा भी दी, जिससे वे सैकड़ों वर्षों के उपरान्त आज भी लाखों व करोड़ों के प्रिय व आदरणीय हैं। लेकिन मेरी दृष्टि में जन-हितार्थ और जन-रक्षार्थ निर्णय लेकर, गुरु गोबिन्द सिंह ने जो कार्य किए व जो बलिदान दिए, उनसे वे महान बने तथा साथ ही पूजनीय भी हुए।

इसी भाँति महात्मा गाँधी के 20वीं शताब्दी के महानतम व्यक्तित्व बनने के पीछे मुख्य कारण, समय-समय पर उनके द्वारा लिए गए निर्णय और उन निर्णयों पर व्यवहार था।

निर्णयों से सम्बन्धित मेरी यही वार्ता बहुत विस्तृत हो सकती है, क्योंकि जैसा मैंने पूर्व में भी कहा है, निर्णय लेकर इतिहास रचने वालों की एक बड़ी सूची है। अब, इसीलिए, मैं उस महान मस्तिष्कधारक

महामानव की चर्चा प्रारम्भ करना चाहूँगा, कदाचित् श्रेष्ठ निर्णय लेना जिसके स्वभाव में था, जो वास्तव में अब तक की मेरी सारी वार्ता का आधार है तथा जो आगे की मेरी चर्चा का केन्द्र होगा।

सरदार वल्लभभाई पटेल, जो इतिहास के सुनहरे पृष्ठों में लौह-पुरुष के नाम से भी अंकित हैं, संगठित भारत के निर्माता और 'एक राष्ट्र-एक राज्य' की आधुनिक परिभाषा के अनुकूल हिन्दुस्तान को लगभग 554 असमान तथा बिखरे हुए देशी-राज्यों के इसके संघ में विलीनीकरण द्वारा, विशालतम पैमाने पर खड़ा करने वाले नायक के रूप में भी आम और ख़ास द्वारा जाने जाते हैं। देशी-राज्यों का भारत में विलय करते समय सरदार वल्लभभाई पटेल को कदम-कदम पर दृढ़ता और त्वरितता के साथ निर्णय लेने पड़े थे। जैसा कि अपनी एक अन्य पुस्तक 'सरदार पटेल : व्यक्तित्व के अनछुए पहलू' में मैंने उल्लेख किया है, इस कार्य में उन्हें अपनी विशिष्ट तथा अद्वितीय कार्य-शैली अपनानी पड़ी थी। यही शैली उनकी राजनीतिज्ञता की उस समय पहचान भी बनी थी। जो त्वरित और दृढ़ निर्णय सरदार वल्लभभाई पटेल ने राज्यों के विलय के समय लिए, उनमें से अनेक महत्त्वपूर्ण, दूसरे शब्दों में ऐतिहासिक थे। भारतवासी हजारों वर्ष तक उन निर्णयों पर गर्व करते रहेंगे तथा उनके कारण सरदार पटेल के प्रति आदर का भाव भी दर्शाते रहेंगे।

इसके अतिरिक्त, अर्थात देशी-राज्यों के भारत में विलय के समय लिए गए निर्णयों को छोड़कर सरदार पटेल ने अन्य क्षेत्रों में भी कई बार ऐतिहासिक निर्णय लिए। ये निर्णय संगठन की सुदृढ़ता के सम्बन्ध में थे; सत्याग्रहों की सफलता और जनकल्याण से जुड़े विषयों

के सन्दर्भ में थे। कदाचित् वर्तमान पीढ़ी इस वास्तविकता से अनभिज्ञ हो कि प्रशासनतंत्र की सुदृढ़ता और उसके भारतीयकरण के पक्ष को ध्यान में रखते हुए सरदार वल्लभभाई पटेल ने 'भारतीय प्रशासनिक सेवा' और 'भारतीय पुलिस सेवा' को भी गठित किया था और इस परिप्रेक्ष्य में उन्हें ऐतिहासिक निर्णय लेना पड़ा था। ऐसा करते समय वल्लभभाई ने जिस सूझ-बूझ का परिचय दिया था, वह प्रशासकों के लिए सदैव अनुकरणीय है।

बाल्यकाल से अपने जीवन के अन्तिम समय तक वल्लभभाई ने अनेक निर्णय लिए। इन निर्णयों की कुल संख्या मैं नहीं बता सकता। लेकिन जैसा कि मैंने कहा है, उन्हें कदम-कदम पर दृढ़ निर्णय लेने पड़े अथवा दूसरे शब्दों में उन्होंने निरन्तर निर्णय लिए, इसलिए भी क्योंकि ठोस निर्णय लेना उनके स्वभाव में था। इन्हीं निर्णयों में से, पुनः दोहराता हूँ, अनेक निर्णय महत्त्वपूर्ण एवं ऐतिहासिक रहे, जिनके कारण सरदार वल्लभभाई पटेल एक ओर जहाँ इतिहास में अपना स्थायी स्थान बनाए रखेंगे, वहीं भारतवासी सदैव उनके ऋणी भी रहेंगे।

सरदार पटेल के ऐसे प्रमुख निर्णयों का देश की वर्तमान पीढ़ी से परिचय होना आवश्यक है। इसी के साथ, भारत के शासन के कर्णधारों को उनके द्वारा लिए गए निर्णयों का पुनः स्मरण कराना जरूरी है। यही कारण है कि उनके प्रमुख ऐतिहासिक निर्णयों को केन्द्र में रखकर इस पाण्डुलिपि को तैयार करने का मुझे निर्णय लेना पड़ा।

हम विधिवत् सरदार पटेल के प्रमुख और सदैव अनुकरणीय,

ऐतिहासिक निर्णयों की चर्चा करें, इससे पूर्व मैं उनके जीवन के प्रारम्भिक दिनों के कुछ उन निर्णयों का उल्लेख करना चाहूँगा, जो मेरे उस कथन की सहज ही पुष्टि करेंगे कि जिसमें मैंने उन्हें ऐसा व्यक्तित्व माना है कि ठोस निर्णय लेना जिसके स्वभाव में था।

वल्लभभाई की आयु लगभग 9 वर्ष की थी जब उनकी बगल में एक फोड़ा निकला था। तदोपरान्त वह फोड़ा पकता गया और अन्ततः उसमें ठसा-ठस पीप भर गया। परिणामस्वरूप अल्पायु में वल्लभभाई को असहनीय पीड़ा होने लगी। वर्तमान में ऐसे फोड़ों के अनेक उपचार हो सकते हैं, जिनमें कम-से-कम पीड़ा हो तथा अल्पावधि में उनकी शल्य-चिकित्सा की जा सके। लेकिन जब वल्लभभाई को फोड़ा निकला, तो वह 19वीं शताब्दी के नौवें दशक का समय रहा था। उस समय सामान्यतः ग्रामों में ऐसे फोड़ों के उपचारार्थ, गर्म लोहे की सलाख उनमें दागी जाती थीं।

इसी हेतु वल्लभभाई पीड़ा से कराहते हुए नाई के पास पहुँचे और उससे गर्म लोहे की सलाख अपने पके हुए फोड़े में घुसाने का आग्रह किया। लेकिन वल्लभभाई की अल्पायु को देखते हुए नाई हिम्मत हार जाता है और उनसे कहता है:

"नहीं-नहीं भाई! मैं ऐसा नहीं कर सकता।"

"नहीं कर सकते, परन्तु क्यों?" वल्लभभाई उससे दृढ़तापूर्वक पूछते हैं। इस पर नाई कहता है :

"कदाचित् तुम्हें अनुमान नहीं कि तुम्हारे पके हुए फोड़े में मेरे द्वारा गर्म सलाख घुसाने से तुम्हें कितना कष्ट होगा? तुम्हारी आयु ही कितनी है? तुम सहन नहीं कर सकोगे... मैं... नहीं-नहीं...।"

"अच्छा! तो आप सलाख नहीं घुसाएँगे?" वल्लभभाई ने पुनः नाई से पूछा!

"बिल्कुल नहीं", उसने उत्तर दिया!

"ठीक है", वल्लभभाई पटेल ने कहना प्रारम्भ किया, "तब मैं ही कुछ करता हूँ। अन्ततः मुझे रोग से छुटकारा तो पाना ही है।" और ऐसा कहते-कहते वे आगे बढ़े। नाई द्वारा भट्टी में तपायी हुई एक लोहे की सलाख को उन्होंने उठाया। उपरान्त तुरन्त ही अपनी बगल के पीप से भरे फोड़े में उसे घुसा दिया। सारा पीप बाहर आ गया। साथ में कुछ रक्त भी बहा । तदोपरान्त बालक वल्लभभाई ने अपने घर को प्रस्थान किया। नाई अपने चक्षुओं को गड़ाकर बालक के दृढ़तापूर्वक लिए गए निर्णय व उसके क्रियान्वयन की ओर देखता रहा....।

वल्लभभाई पटेल गुजरात के खेड़ा जनपद के करमसद गाँव के निवासी झवेरभाई गलाभाई पटेल, जो लगभग आठ या दस एकड़ भूमि के स्वामी थे, के चौथे पुत्र थे, लेकिन अपने पिता के वे बहुत प्रिय थे। करमसद ग्राम में उन दिनों कोई व्यवस्थित और विशेष रूप से ऐसी, जहाँ अंग्रेजी भाषा को पढ़ाने की व्यवस्था भी हो, पाठशाला नहीं थी। यही कारण था कि जूनियर हाईस्कूल के स्तर के कुछ विद्यार्थियों ने करमसद से निकलकर लगभग चौदह किलोमीटर की दूरी पर बसे बड़ौदा राज्य के पेटलाद नामक स्थान पर अंग्रेजी के साथ शिक्षा पाने का निश्चय किया, जिनमें वल्लभभाई भी एक थे।

वैसे तो गुजरात में उत्तर भारत की भाँति शरद ऋतु में बहुत अधिक ठंड नहीं पड़ती, लेकिन ग्रीष्म ऋतु में उत्तर भारत से अधिक गर्मी वहाँ पड़ती है। लेकिन मौसम की गणना फिर भी मुख्यतः शरद,

ग्रीष्म और वर्षा के रूप में वहाँ भी समानतः होती है। मैं जिस घटना की चर्चा करने जा रहा हूँ, उसका सम्बन्ध ग्रीष्म ऋतु से है। ग्रीष्म में पेटलाद की पाठशाला में प्रातःकाल सात बजे से शिक्षण कार्य प्रारम्भ होता था। इसलिए सप्ताह के अन्तिम दिन, अर्थात शनिवार को सायंकाल लगभग पाँच बजे करमसद के सभी विद्यार्थी अपनी पाठशाला से ग्राम को प्रस्थान करते और लगभग नौ बजे अपने-अपने घरों को पहुँचते थे। रविवार के दिन आने वाले सप्ताह के लिए आवश्यक खाद्य-सामग्री, धुले वस्त्र आदि का प्रबन्ध करते तथा सोमवार को उषाकाल से पूर्व ही अपना-अपना सामान सिर पर रखकर पेटलाद की राह पकड़ते।

एक ऐसे ही सोमवार की बात है। विद्यार्थी बहुत ही सवेरे घरों से निकले और खेतों के मध्य बनी पगडंडियों के माध्यम से पेटलाद स्थित अपनी पाठशाला को प्रस्थान करने लगे। बालक तीव्रतापूर्वक चल रहे थे, क्योंकि उन्हें चौदह किलोमीटर का फासला तय करना था। मार्ग में बालक हँसी-ठिठोली भी करते जाते थे। कुछ गप्पे हाँकते थे। ऐसा करने से मार्ग निश्चित रूप से सरलतापूर्वक व सुखद वातावरण में तय हो जाता था।

बालक करमसद से कई किलोमीटर दूर निकल चुके थे। लगभग चार और पाँच बजे (प्रातःकाल) के मध्य का समय था। बालक चलते जा रहे थे कि अचानक उनमें से एक को ध्यान हुआ कि उनमें से एक बालक तो कम है। "जब करमसद से निकले थे तो पूरे थे," उसे ऐसा ख्याल आया। उसने तुरन्त साथ में चल रहे दूसरे साथियों से पूछा कि कौन पीछे रह गया है? तथा दूसरी ओर उसने स्वयं अपनी दृष्टि पीछे के मार्ग की ओर दौड़ाई।

तुरन्त सभी साथी रुक गए। वल्लभभाई उनमें नहीं थे। उक्त विद्यार्थी ने देखा कि कुछ दूरी पर वल्लभभाई है, लेकिन वह वहाँ क्या कर रहा है? यह उसकी समझ से बाहर की बात थी। विद्यार्थी ने तुरन्त सभी साथियों का ध्यानाकर्षित कराते हुए कहाः

"वह रहा वहाँ। परन्तु वह वहाँ क्या कर रहा है? किससे झक मार रहा है? यह समझ में नहीं आता।"

विद्यार्थियों में से एक ने तीव्र स्वर में वल्लभभाई को पुकारा, जिसका उन्होंने उत्तर नहीं दिया। एक अन्य ने पुनः उनको पुकारते हुए कहा कि शीघ्र आ जाओ, अन्यथा देर हो जाएगी। इस पर भी वल्लभभाई ने जब प्रस्थान नहीं किया, तो एक विद्यार्थी ने पूछाः

"वल्लभभाई! तू वहाँ कर क्या रहा है? पीछे क्यों रुक गया है?"

"तुम सभी चलते रहो! मैं अभी दौड़कर तुम लोगों के साथ आ मिलूँगा, चिन्ता न करो।" यह उत्तर देकर वल्लभभाई पगडंडी पर गड़े हुए एक पत्थर को बाहर निकालने में व्यस्त हो गए। जोर-जोर से पत्थर को वे हिलाते, बाहर को खींचने का निरन्तर प्रयत्न करते। कुछ ही मिनटों में वे सफल हो गए। पत्थर को मार्ग से निकालकर उन्होंने बाहर फेंक दिया। उपरान्त शीघ्र ही दौड़कर वे अपने साथियों के दल में सम्मिलित हो गए।

वापस दल में आ मिलने के उपरान्त उनके एक साथी ने उनसे प्रश्न कियाः

"भाई! तू वहाँ कर क्या रहा था?"

वल्लभभाई ने सहज भाव से उत्तर दियाः

"मार्ग के मध्य में गड़ा हुआ पत्थर का खूँटा बारम्बार रुकावट

बनता था। हमारे जैसे न जाने कितनों को उसके द्वारा सताया गया? कुछ-एक को उसने चोट भी पहुँचाई होगी। बस उसी को हिला-हिलाकर निकालने में लगा हुआ था मैं।"

"तो उसे फिर निकाला या रहने दिया", एक अन्य साथी ने पूछा।

"हर किसी को लगे," वल्लभभाई ने कहना प्रारम्भ किया, "और हर किसी के मार्ग में बाधा बने, ऐसे एक खूँटे को निकालकर फेंक देना अति आवश्यक था। न जाने कितने जन उससे टकराए होंगे, कितनों ने उससे चोट खायी होगी? लेकिन फिर भी उसे निकालने को कोई तैयार नहीं था। वह सबका दुख बन चला था। मैंने कल ही घर पर निर्णय ले लिया था कि प्रातःकाल मैं उसे उखाड़कर ही दम लूँगा। ऐसा ही मैंने अब किया है।" वाह रे वल्लभभाई! क्या कहने आपके निर्णय के?

जैसा कि सर्वविदित है, वल्लभभाई ने वर्ष 1900 ईस्वी से गोधरा में वकालत कार्य प्रारम्भ किया था। तभी से उनकी हार्दिक इच्छा रही थी कि वे इंग्लैण्ड जाकर विधि की पढ़ाई करें; 'बार-एट-ला' की उपाधि प्राप्त करें। इसी कारण मुख़्तारकारी करते समय वे विदेश जाने तथा वहाँ अध्ययन करने के उद्देश्य से धनार्जन करने लगे थे। कुछ वर्षों में ही उन्होंने धन इकट्ठा करके एक कम्पनी से विदेश-यात्रा का प्रबन्ध करने हेतु पत्र-व्यवहार प्रारम्भ किया और अन्ततः पूर्ण व्यवस्था भी करा ली। जिस दिन इस व्यवस्था से सम्बन्धित अन्तिम पत्र उनके घर पहुँचा, तो वह विट्ठलभाई पटेल के, जो वल्लभभाई के बड़े भाई थे, हाथ लगा। इसका कारण यह था कि पत्र पर पते में सबसे ऊपर

'वी०जे० पटेल' अंकित था। दोनों, अर्थात वल्लभभाई झवेरभाई पटेल और विट्ठलभाई झवेरभाई पटेल पर समान रूप से यही 'वी०जे० पटेल' लागू होता था। इसलिए पत्र घर पहुँचा और बड़े भाई विट्ठलभाई को वह मिला।

पत्र को पढ़कर विदेश जाने से सम्बन्धित व्यवस्था के सन्दर्भ में जानकर विट्ठलभाई ने वल्लभभाई से कहाः

"मैं तुमसे बड़ा हूँ। तुम मुझे पहले जाने दो। मैं यदि अब न गया और तुम चले गए, तो फिर मैं कभी नहीं जा पाऊँगा।"

वल्लभभाई ने अपने स्थान पर बड़े भ्राता को विदेश भेजने का निर्णय किया। साथ ही उनके विदेश के व्यय का सारा उत्तरदायित्व और उनके परिवार की देखभाल का वचन भी उन्हें दिया। विट्ठलभाई 1908 में बैरिस्टर बनकर भारत लौटे और तब वल्लभभाई ने वर्ष 1910 के प्रारम्भ में इंग्लैण्ड प्रस्थान किया। वहाँ पहुँचे और कठिन परिश्रम के साथ अध्ययन में जुट गए।

इन्हीं दिनों की बात है कि युवा व स्वस्थ वल्लभभाई के एक पैर में पीड़ा प्रारम्भ हो गई। प्रारम्भिक स्तर पर उन्होंने लन्दन में इसकी जाँच कराई, परन्तु रोग का पता नहीं चल सका। तदोपरान्त जब मई, 1911 में अधिक पीड़ा के कारण उन्होंने गहन जाँच कराई, तो उससे पता चला कि वास्तव में उनके उस पैर में नरुआ रोग हो गया है। नरुआ एक अत्यधिक पतला और लम्बा ऐसा कीड़ा होता है, जो निरन्तर काया में घुसता चला जाता है। इसलिए बड़ी सावधानी से शल्य-चिकित्सा करके उसे बाहर निकालना होता है।

इस सन्दर्भ में तीन-चार बार छोटे-छोटे आपरेशन वल्लभभाई के

पैर के किए गए, परन्तु रोग पर नियंत्रण नहीं पाया जा सका। एक बार तो स्थिति यहाँ तक आई कि वल्लभभाई का पैर ही काटने का निश्चय किया गया। इस बीच एक भारतीय सर्जन पी०टी० पटेल के कहने पर वल्लभभाई ने अन्तिम रूप में अपने पैर के बड़े आपरेशन हेतु निर्णय लिया, लेकिन चिकित्सक के समक्ष एक शर्त भी उन्होंने रखी। इस शर्त के अनुसार, आपरेशन के समय उन्हें बेहोश न किया जाए तथा न ही उनके पैर को सुन्न किया जाए।

बिना मूर्छा तथा बिना पैर को सुन्न किए सफलतापूर्वक वल्लभभाई का आपरेशन किया गया। चेतनावस्था में वल्लभभाई ने पीड़ा सहकर चिकित्सा कराई। पूरे आधुनिक विश्व के इतिहास में केवल एक ही उदाहरण और है, जिसमें सोवियत संघ के साम्यवादी तानाशाह जोज़फ विसारियोनोविच स्टालिन ने वल्लभभाई के उक्त आपरेशन के समान बिना बेहोशी के अपनी बड़ी शल्य-चिकित्सा कराई थी।

वल्लभभाई पटेल का सार्वजनिक जीवन वैसे तो वर्ष 1917 ईस्वी में प्रारम्भ हुआ, क्योंकि इस वर्ष ही वे गुजरात सभा के सचिव बने थे, साथ ही अहमदाबाद नगरपालिका के सदस्य निर्वाचित हुए थे, लेकिन खेड़ा सत्याग्रह के समय उनके द्वारा लिया गया वह निर्णय, जो उन्होंने महात्मा गाँधी के प्रथम सहायक, अथवा दूसरे शब्दों में, उनके उपसेनापति के रूप में कार्य करने के सम्बन्ध में लिया था, वास्तव में उनके जीवन की धारा को परिवर्तित करने वाला था।

खेड़ा सत्याग्रह को महात्मा गाँधी ने 22 मार्च 1918 को नड़ियाद में एक सार्वजनिक सभा को सम्बोधित करते हुए विधिवत प्रारम्भ किया था। क्यों? इसका लेखा-जोखा भारत के स्वाधीनता आन्दोलन के

इतिहास के पृष्ठों में अंकित है। इसलिए इसके यहाँ विस्तार में जाने की मेरे लिए कोई आवश्यकता नहीं है। मेरे लिए यहाँ इस सन्दर्भ में केवल इतना ही उल्लेख कर दिया जाना पर्याप्त है कि खेड़ा जनपद के उन किसानों को, जो प्राकृतिक आपदा के मारे हुए थे तथा सरकार को भूराजस्व देने की स्थिति में नहीं थे, उस अंग्रेजी सरकार से न्याय दिलाने की खातिर महात्मा गाँधी ने सत्याग्रह प्रारम्भ किया, जो बलपूर्वक और अन्यायी ढंग से, अमानवीय तथा क्रूर साधनों द्वारा लगान वसूलने को तत्पर थी। ऐसी सरकार के अधिकारियों को महात्मा गाँधी तथा उस समय के सार्वजनिक जीवन के लगभग समस्त अग्रणी व्यक्तियों ने समझाने की बहुत कोशिश की थी, लेकिन वे टस-से-मस नहीं हुए थे। अन्ततः कोई विकल्प न बचने पर महात्मा गाँधी ने सच्चे और दीन किसानों की लाज रखने, उन्हें न्याय दिलाने और भविष्य के लिए उन्हें एक मार्ग दिखाने के उद्देश्य से सत्याग्रह प्रारम्भ किया था।

जैसा कि मैंने कहा, 22 मार्च, 1918 को नड़ियाद की एक जनसभा में गाँधीजी ने खेड़ा सत्याग्रह का मंगलाचरण किया और 3 जून, 1918 को इस संघर्ष को सफलता मिली। इस मध्य वल्लभभाई ने किसानों को वीर बनने की निरन्तर प्रेरणा दी, अन्याय व शोषण का जुआ उतार फेंकने के लिए उनका आह्वान किया तथा सदैव एकताबद्ध होकर ही जीने की उनको शिक्षा दी। महात्मा गाँधी सत्याग्रह के पूरे समय खेड़ा जनपद में नहीं रहे। लेकिन वल्लभभाई पटेल ने, जो अहिंसक आन्दोलन के उपसेनापति थे, पूरे समय किसानों और ग्रामीणों के मध्य रहकर उन्हें भयमुक्त किया, वीर बनाया और उनकी स्थिति का भान उन्हें कराया। यही बातें थीं, जो एक बड़ी सीमा तथा सत्याग्रह की सफलता का कारण रहीं।

वास्तव में वल्लभभाई का खेड़ा सत्याग्रह में कूदना उनका एक ऐसा निर्णय था, जिसने, जैसा कि मैंने पहले ही कहा है, उनके जीवन की धारा को परिवर्तित किया; देश के आमजन को वर्षों की पराधीनता से मुक्त कराने हेतु अपना जीवन न्यौछावर करने को प्रेरित किया। वल्लभभाई ने खेड़ा संघर्ष से अपने को जोड़ने का निर्णय लिया, तो किन परिस्थितियों में? कदाचित् आज की पीढ़ी और आने वाली पीढ़ियों को यह जानने की जिज्ञासा रहे। इसलिए इसका खुलासा करना चाहिए।

खेड़ा के किसानों की स्थिति के सम्बन्ध में महात्मा गाँधी जब स्थिति का अवलोकन कर रहे थे, तो उस समय वे गुजरात सभा के अध्यक्ष भी थे। वल्लभभाई, जैसा कि मैंने पूर्व में उल्लेख किया है, इस सभा से जुड़ चुके थे, तथा इसके एक सचिव के रूप में कार्य कर रहे थे। इसलिए उनकी भी खेड़ा के किसानों से पूर्ण सहानुभूति थी; वैसे स्वयं वे भी इसी जनपद के निवासी थे। अपनी सहानुभूति के कारण, और गुजरात सभा के सचिव के नाते, वे सरकार को निरन्तर किसानों को न्याय के लिए लिख भी रहे थे। लेकिन दूरदर्शी महात्मा गाँधी जानते थे कि सरकार की ओर से अन्ततः कुछ भी, न्याय के नाम पर प्राप्त न होगा; और खेड़ा में सत्याग्रह करना पड़ेगा।

लेकिन सत्याग्रह के लिए निश्चित रूप से कदम उठाया जाए, इसके पूर्व महात्मा गाँधी की एक शर्त थी। इसके पीछे कारण यह था कि इस प्रकार के सत्याग्रह, जिसमें सरकार को भूराजस्व देने के लिए किसान मना करने वाले थे, के द्वारा दुनिया की शक्तिशाली अंग्रेजी सत्ता को चुनौती दी जानी थी। इसलिए सत्याग्रह सफल हो, तो इस हेतु

यह नितान्त आवश्यक था कि उनके साथ एक ऐसा प्रौढ़ अन्त तक खड़ा रहे, जो क्षेत्र का प्रभावशाली व्यक्ति हो; क्षेत्र की स्थिति का जो ज्ञान रखता हो और दृढ़ विचारों वाला हो, साथ ही सिद्धान्तों से समझौता न करने वाला हो।

यद्यपि इस समय तक वल्लभभाई का गाँधीजी से सम्पर्क बहुत लम्बे काल वाला नहीं था; दोनों के मध्य गुजरात सभा के माध्यम से हुआ सम्पर्क अल्पकालिक था। तो भी महात्मा गाँधी, जिन्हें किसी व्यक्ति को पहचानने या परखने में बहुत समय नहीं लगता था, कुछ ही समय में वल्लभभाई के व्यक्तित्व के प्रति आकर्षित हो चुके थे। वे स्वयं चाहते थे कि वल्लभभाई खेड़ा में उनके प्रथम सहायक के रूप में कार्य करें। इसलिए जब उन्होंने यह शर्त रखी कि "मुझे एक सहायक चाहिए, जो मेरे साथ खड़ा रहे", तो वल्लभभाई ने अन्त तक उनका साथ देने का निर्णय लिया; यह निर्णय फिर खेड़ा सत्याग्रह तक ही सीमित न रहा, अपितु आजीवन उनका निर्णय बन गया। कदाचित् इतिहास में इस तरह के बहुत ही कम उदाहरण मिलेंगे, जिनमें वल्लभभाई ने गाँधीजी के प्रति सम्पूर्ण समर्पण किया तथा यह कई बार घोषित कर दिया, "मैंने अपने ऊपर ताला लगाकर उसकी चाबी बापू (महात्मा गाँधी) को सौंप दी है।"

स्वयं महात्मा गाँधी ने वल्लभभाई के उक्त निर्णय और उसके फलस्वरूप प्राप्त सफलता का अति सुन्दर शब्दों में उल्लेख किया था; उसे उन्होंने सराहा था। गाँधीजी के निम्नलिखित शब्द, जो खेड़ा सत्याग्रह की सफलता के उपरान्त, उन्होंने एक जनसभा में व्यक्त किए थे, इस सन्दर्भ में ऐतिहासिक हैं:

"सेनापति की चतुराई अपनी कार्यसमिति (टीम) को चुनने में होती है। कई लोग मेरी सलाह मानने को तैयार थे। मुझे विचार हुआ कि उपसेनापति कौन हो? इतने में मेरी दृष्टि भाई वल्लभभाई पर गई। मुझे यह स्वीकार करना चाहिए कि जब मेरी प्रथम बार (वल्लभभाई से) भेंट हुई थी, तो मुझे महसूस हुआ था कि यह अकड़वाला व्यक्ति क्या कार्य करेगा? परन्तु ज्यों-ज्यों मैं इनके सम्पर्क में आता गया, त्यों-त्यों मुझे प्रतीत हुआ कि वल्लभभाई तो मुझे अवश्य ही चाहिए। वल्लभभाई ने भी (स्वयं) यह माना कि उनकी श्रेष्ठ वकालत भले ही चलती हो, नगरपालिका में उनका भले ही बड़ा कार्य हो, लेकिन यह कार्य (अर्थात, किसानों के लिए संघर्ष का) तो उससे भी बड़ा है। धन्धा आज है, वह कल न रहे; रुपया कल समाप्त हो जाए या उत्तराधिकारी उसे उड़ा दे, इसलिए मैं उनके लिए रुपये से कहीं ऊँची विरासत क्यों न छोड़ जाऊँ? वे इसी निर्णय के साथ संघर्ष में सम्मिलित हो गए और यदि वल्लभभाई मुझे नहीं मिले होते, तो जो कार्य आज हुआ है, वह कदापि न होता।"

वल्लभभाई ने उपरोक्त वर्णित निर्णयों के अतिरिक्त 1919 व 1927 के मध्य इसी प्रकार के अनेक निर्णय और लिए, जिसमें पूर्णतः स्वदेशी बन जाने, घर-बार को त्याग देने और जनोत्थानार्थ रचनात्मक कार्यों को समर्पित हो जाने से सम्बन्धित संघर्षों को गति देने और जनमानस को इस हेतु बड़े पैमाने पर तैयार करने के लिए ठोस रूप से लिए गए निर्णय थे। यह सब मैं इसलिए बता रहा हूँ कि दृढ़ व त्वरित निर्णय लेना उनके स्वभाव में था; वल्लभभाई में समय व परिस्थितियों के अनुकूल निर्णय लेने की क्षमता थी। निर्णयों के

कारण वल्लभभाई सदैव प्रेरणा का स्रोत बने रहेंगे और देश व समाज की वास्तव में चिन्ता रखने वालों को अपने उन कुछ प्रमुख तथा ऐतिहासिक फैसलों, जिनकी अब आगे मैं चर्चा करने वाला हूँ, से झकझोरते रहेंगे। दूसरे शब्दों में, उन्हें अपने कर्तव्यों की निरन्तर याद दिलाते रहेंगे, क्योंकि, मैं पुनः दोहराता हूँ कि सही निर्णय ही राष्ट्र का सच्चा निर्माण करते हैं; जनकल्याण का स्रोत होते हैं।

मुझे पूर्ण आशा है कि सरदार वल्लभभाई के प्रमुख एवं ऐतिहासिक निर्णयों से तैयार की गई यह पुस्तक पाठकों के लिए रुचिकर सिद्ध होगी। मैं इस पुस्तक की तैयारी में उत्साहवर्धनकर्त्री सुश्री लीना बनसोड़; सहायताकर्त्री श्रीमती कमलेश, सुश्री रंजना चावड़ा, अपने प्रारम्भिक अध्ययनकाल के प्रिय गुरु बाबू गजे सिंह मलिक, भ्राता समान श्री मनोज कुमार 'मनोज', सरदार पटेल ट्रस्ट करमसद, गुजरात के पदाधिकारियों, विशेषकर श्री अशोक पटेल तथा प्रमुख सहायक श्री रमेश प्रजापति का आभार प्रकट करता हूँ। इस पुस्तक के प्रकाशन का बीड़ा उठाने वाले श्री ब्रह्म प्रकाश गर्ग को भी मैं धन्यवाद देता हूँ।

मानसरोवर, सिविल लाइन्स,
मेरठ–250001 (उ०प्र०) –रवीन्द्र कुमार

1

बारडोली किसान आन्दोलन

गुजरात के सूरत जनपद के बारडोली ताल्लुका में वर्ष 1928 में, वल्लभभाई पटेल के नेतृत्व और मार्गदर्शन में, किसानों ने जिस अदम्य साहस का परिचय देते हुए, सरकार को बढ़ा हुआ भूराजस्व देने से मना किया, तथा तदोपरान्त जिस प्रकार तत्कालीन ब्रिटिश सरकार को उनके समक्ष झुकना पड़ा, वह अपने आप में एक अद्वितीय घटना थी। गाँधीवादी अहिंसक मार्ग से किया गया वह संघर्ष पूरे विश्व को चौंका देने वाला था; कदाचित् आज तक भी, अर्थात पूरे पचहत्तर वर्ष व्यतीत हो जाने के उपरान्त, कोई दूसरा आन्दोलन उसकी समानता नहीं कर सका। बारडोली किसान आन्दोलन अपने ही किस्म का था; उसको प्रारम्भ करने में वल्लभभाई ने ऐतिहासिक निर्णय लेकर पूरी दुनिया के सामने एक उदाहरण प्रस्तुत किया था। इसी आन्दोलन को सफलता के द्वार पर पहुँचाने के उपरान्त वल्लभभाई भारत के सरदार बने; संसार भर में वे सरदार वल्लभभाई पटेल के रूप में प्रसिद्ध हुए।

सामान्यतः मैं यह स्वीकार करता हूँ कि गाँधीवादी अहिंसक मार्ग ऐसा मार्ग है, जिससे किसी भी स्तर–स्थानीय, सामुदायिक, सामाजिक, राष्ट्रीय या अन्तर्राष्ट्रीय- पर किसी भी प्रकार के अन्याय–आन्तरिक अथवा बाह्य–को समाप्त किया जा सकता है, फिर वह अन्याय छोटा हो या बड़ा। लेकिन अन्याय समाप्त करने में कार्यवाही को निश्चित

सफलता मिले या लगभग सफलता प्राप्त हो, यह अहिंसा या अहिंसक साधनों को परिस्थितियों व समय की माँग के अनुकूल प्रयुक्त करने पर निर्भर करता है। इसी के साथ, लक्ष्य प्राप्ति हेतु दृढ़ता भी महत्त्वपूर्ण होती है। बारडोली किसान आन्दोलन, इसीलिए, आज तक अद्वितीय है कि इसमें अपनाए गए अहिंसक साधन देशकाल की परिस्थितियों के अनुरूप थे; इस संघर्ष के नेतृत्वकर्ता बेजोड़ थे, न केवल दक्षता और संगठन करने में, अपितु सत्याग्रह के वास्तविक रूप से संचालन करने में भी, और संघर्ष में सम्मिलित-जन अहिंसा के प्रति वचनबद्ध रहकर कोई भी बलिदान करने को तैयार थे।

2

20 मील लम्बा और 20 ही मील चौड़ा, अर्थात वर्गाकार क्षेत्रफल वाला बारडोली, सूरत जनपद (उस समय बम्बई प्रान्त) का प्रमुख रमणीय, सम्पन्न और उपजाऊ भूमिवाला क्षेत्र रहा है। तीन प्रमुख नदियों-ताप्ती, मिठोला और पूर्णा-के अतिरिक्त कुछ अन्य छोटी-छोटी नदियाँ भी इस ताल्लुका में बहकर इसे सम्पन्न बनाती रही हैं। जिस समय की चर्चा हम बारडोली के सम्बन्ध में कर रहे हैं, उस समय इस ताल्लुका में 132 गाँव थे और इसकी कुल जनसंख्या लगभग सत्तासी हजार थी।[1]

इसी बारडोली ताल्लुका से महात्मा गाँधी ने वर्ष 1922 के प्रारम्भ में सरकार को 'कर न चुकाने का आन्दोलन' प्रारम्भ करने का निर्णय लिया। इससे पूर्व जैसा कि इतिहासकार और विषय-विशेषज्ञ जानते हैं, वर्ष 1921 के दिल्ली काँग्रेस के विशेष अधिवेशन तथा इसके उपरान्त दिसम्बर में इसके अहमदाबाद अधिवेशन में भारत की

जनता का बड़े व अभूतपूर्व पैमाने पर अपने को असहयोग कार्यक्रम से जोड़ने का आह्वान किया गया था। वैसे भी उस समय असहयोग आन्दोलन को जनता से बहुत अच्छा समर्थन प्राप्त हो रहा था।

आन्दोलन को राष्ट्रव्यापी स्वरूप प्राप्त हो, वह भी व्यावहारिक रूप में, ठोस मुद्दों के साथ और पूर्व से अधिक आमजन की भागीदारी के साथ, महात्मा गाँधी इस हेतु योजनाबद्ध ढंग से आगे बढ़ने की तैयारी कर रहे थे। इस कार्यवाही में सरकार को 'कर अदायगी न करना' भी सम्मिलित था। इसी परिप्रेक्ष्य में प्रयोग हेतु किसी एक तहसील का चयन करना था, जहाँ से इस अभूतपूर्व कार्यवाही को प्रारम्भ किया जा सके। गुजरात क्षेत्र की दो तहसीलों-खेड़ा जनपद की आणन्द और सूरत जनपद की बारडोली-के मध्य इसके लिए प्रतिद्वंद्विता थी। अन्ततः बारडोली का चयन हुआ।

चयनोपरान्त, जैसा कि स्वाभाविक भी था, संघर्ष प्रारम्भ करने की तैयारियाँ होने लगीं, कल्याणजी मेहता और उनके भ्राता कुँवरजी मेहता, खुशहालभाई पटेल आदि जैसे क्षेत्र के अग्रणी कार्यकर्ता वातावरण के निर्माणार्थ जी-जान से जुट गए। स्वयं वल्लभभाई पटेल, जो उस समय तक गुजरात क्षेत्र के सार्वजनिक जीवन-पटल पर अपना निश्चित स्थान बना चुके थे, और उनके बड़े भाई तथा बम्बई विधान परिषद के सदस्य, विट्ठलभाई पटेल, बारडोली में ऐतिहासिक संघर्ष प्रारम्भ करने की तैयारी में जुट गए थे।

बारडोली में संघर्ष प्रारम्भ हो, इसके कुछ दिन पूर्व ही तत्कालीन संयुक्त प्रान्त के गोरखपुर जनपद के चौरी-चौरा नामक स्थान पर हिंसात्मक घटना घट गई और परिणामस्वरूप महात्मा गाँधी ने अपना

असहयोग कार्यक्रम ही वापस ले लिया; बारडोली में 'कर अदायगी से सरकार को पूर्णतः मना करने' या दूसरे शब्दों में, 'सरकार से विद्रोह' करने का कार्यक्रम प्रारम्भ न हो सका।

लेकिन कार्यक्रम के सम्बन्ध में जो तैयारियाँ की गई थीं, उन्होंने जनता में अत्यधिक उत्साह भर दिया था। बारडोली ताल्लुका के सभी लोग ऐतिहासिक अहिंसक संघर्ष के लिए कमर कस चुके थे। सरकार को जनता के हृदयों में उमड़े उत्साह की सूचना थी। पहले तो वह उससे भयभीत थी, लेकिन असहयोग कार्यक्रम के रोक दिए जाने से सरकार ने एक ओर राहत की साँस ली, तथा दूसरी ओर जनता को सबक सिखाने का मन भी बनाया।

इसी उद्देश्य से वर्ष 1928 के प्रारम्भ में तत्कालीन बम्बई प्रान्त सरकार ने बारडोली में एकदम 22 प्रतिशत भूराजस्व में बढोत्तरी कर दी। पहले, अर्थात बढोत्तरी से पूर्व ताल्लुका से कुल वसूला जाने वाला भूराजस्व 5,14,762 रुपये था, जो बढ़ने के उपरान्त 6,20,000 रुपये हो गया। किसान वर्ग इतना भारी बोझ सहन करने की स्थिति में नहीं था। फिर सरकार का यह निर्णय अन्याय से भरा हुआ था। इस अन्याय के पीछे प्रमुख बात वही थी कि सरकार क्षेत्र के लोगों को सबक सिखाना चाहती थी। इस क्षेत्र में कुछ वर्ष पूर्व भी भूराजस्व बढ़ाया गया था,[2] इसलिए पुनः इसके बढ़ाने का कोई औचित्य नहीं हो सकता था।

सरकार के इस अन्याय की किसानों में घोर प्रतिक्रिया हुई। उन्हें सरकार द्वारा उठाया गया कदम अपना घोर अपमान प्रतीत हुआ। किसानों ने, तो भी, सरकार का उक्त अन्याय के प्रति ध्यानाकर्षित

किया; तत्कालीन बम्बई धारासभा के दो सदस्यों–भीमभाई नायक और दादूभाई देसाई–ने किसानों की ओर से सरकार को प्रत्यावेदन भेजा, लेकिन परिणाम शून्य ही रहा।

वर्ष 1928 के प्रारम्भ तक वल्लभभाई पटेल भारत भर में सुविख्यात सत्याग्रही, रचनात्मक कार्यकर्ता और अहमदाबाद नगर पालिका के सफल अध्यक्ष एवं प्रशासक के रूप में अपनी पहचान बना चुके थे। 1919 में रौलेट ऐक्ट के विरुद्ध संघर्ष में, तदोपरान्त असहयोग व खिलाफत आन्दोलन में उनके द्वारा किए गए कार्य सर्वज्ञ हो चुके थे। दिसम्बर, 1921 के अहमदाबाद काँग्रेस अधिवेशन की स्वागत समिति के अध्यक्ष, काँग्रेस में अपरिवर्तनवादियों के खेमे के एक प्रमुख नेता, जाने–माने संगठनकर्ता के रूप में वे उभर चुके थे। फिर बोरसद और नागपुर के झण्डा सत्याग्रह को नेतृत्व देने के कारण उनकी कीर्ति फैल चुकी थी। दूसरे शब्दों में, वे अद्वितीय आन्दोलनकारी समझे जाने लगे थे।

जहाँ तक सम्बन्ध गुजरात क्षेत्र का था, इस समय तक वहाँ वल्लभभाई और उनके कार्यों को कौन नहीं जानता था? बारडोली के किसानों ने क्षेत्र के प्रमुख काँग्रेसी कार्यकर्ताओं के माध्यम से अपना विषय वल्लभभाई के समक्ष प्रस्तुत कराया। यह वह समय था, जब वल्लभभाई मध्य गुजरात के भीषण बाढ़ से प्रभावित क्षेत्रों में राहत और पुनर्वास से सम्बन्धित कार्यों में दिन–रात एक किए हुए थे। तो भी वल्लभभाई ने कांग्रेसी कार्यकर्ताओं को गम्भीरतापूर्वक सुना और उनसे वृद्धि किए गए भूराजस्व की आख्या लाने को कहा, जो उन्हें सौंप दी गई थी। इस पर अब उन्होंने विचार करने का आश्वासन दिया। पुनः

बारडोली के लोग उनके पास आए, तो भी उन्होंने यही उत्तर दिया कि वे पूरे मामले पर विचार कर रहे हैं। ऐसा कहकर, वास्तव में, वल्लभभाई किसानों की दृढ़ता और यदि आवश्यकता पड़े, तो उनमें संघर्ष करने की आतुरता व क्षमता को परख लेना चाहते थे।

तीसरी बार फिर बारडोली से लोग दृढ़ संकल्प के साथ उनके पास पहुँचे और आग्रहपूर्वक वल्लभभाई से कहने लगेः

"इस सन्दर्भ में आप हमारा मार्ग प्रशस्त कीजिए। आप जो कहेंगे, हम वह सब करने को तैयार हैं। हम मर-मिटेंगे, तबाह हो जाएँगे, लेकिन सरकार के इस अन्यायी निर्णय के वशीभूत नहीं होंगे।"

अब वल्लभभाई को बात जँची। उन्हें किसानों पर भरोसा हुआ, लेकिन बारडोली से किसानों का नेतृत्व करते हुए, वल्लभभाई वह प्रमुख तथा ऐतिहासिक निर्णय लें, जिससे पूरा राष्ट्र स्तब्ध रह जाए और भारत के राष्ट्रीय मुक्ति-आन्दोलन को एक नई दिशा मिले, इसके पूर्व 4 फरवरी, 1928 को उन्होंने वहाँ एक सार्वजनिक सभा में जनता का आह्वान किया। सत्याग्रह प्रारम्भ करने के उपरान्त आने वाले समस्त खतरों, कठिनाइयों या परेशानियों की चर्चा की तथा लोगों को सचेत करते हुए कहाः

"मेरे साथ खेल न किया जाए। जिस कार्य में जोखिम न हो, ऐसे कार्य में मैं हाथ डालता ही नहीं। जो जोखिम उठाने को तैयार हों, उनका मैं साथ दूँगा।"

वल्लभभाई अच्छे पारखी भी थे। उक्त सभा के समय और तदोपरान्त उन्होंने किसान वर्ग को दृढ़ पाया; क्षेत्र के अन्य लोगों को भी अधिकतर किसानों का समर्थन करने वाला और सहयोगकर्ता

पाया। तदोपरान्त उन्होंने गाँधीजी से परामर्श किया तथा किसानों के संघर्ष में नेतृत्व करने का ऐतिहासिक निर्णय ले लिया। लेकिन संघर्ष प्रारम्भ करने से पूर्व उन्होंने गाँधीवादी सिद्धान्त के दायरे में सरकार को न्याय देने का लिखित आग्रह किया। उन्होंने दूसरी बार न्याय की गुहार की। तीसरी बार उन्होंने सरकार को दृढ़ता के साथ चेताया। सरकार द्वारा सब कुछ अमान्य कर दिए जाने के उपरान्त अन्ततः वल्लभभाई ने बारडोली में किसान आन्दोलन प्रारम्भ किया। इस सन्दर्भ में क्षेत्र के सभी लोग एकताबद्ध रहें और धर्म-सम्प्रदाय या जातिगत भेदभाव से ऊपर उठकर, कदम-से-कदम मिलाते हुए आगे बढ़ें, इसलिए वल्लभभाई ने आन्दोलन के प्रारम्भ होने पर इमामसाहेब अब्दुल कादिर बवाजिर से कुरआन की आयत पढ़वाने का निर्णय लिया। उन्होंने आयत पढ़ी, तो उसके बाद महात्मा कबीर का एक भजन गाया गया। इस प्रकार संघर्षरूपी अभूतपूर्व यज्ञ प्रारम्भ हुआ।

जैसा कि मैंने उल्लेख किया है, बारडोली क्षेत्र में सत्तासी ह़जार लोगों का निवास था। इन सभी ने किसी भी प्रकार के सम्प्रदाय, लिंग या जाति के भेद को त्यागकर वल्लभभाई के नेतृत्व में छः माह से भी अधिक समय तक साम्राज्यवादी सरकार के अन्याय के विरुद्ध ऐसा संगठित और योजनाबद्ध सत्याग्रह किया, जिसके सामने उसे अन्ततः झुकना पड़ा। स्वयं बम्बई प्रान्त के तत्कालीन गवर्नर लेस्ली ओ० विल्सन ने वल्लभभाई को आमंत्रित करके उनसे बारडोली आन्दोलन को रोकने के सन्दर्भ में वार्तालाप किया। गवर्नर ने उन्हें आश्वासन दिया कि निष्पक्षतापूर्ण जाँच करके जहाँ भी बढ़े हुए भूराजस्व को माफ करने की आवश्यकता होगी, वह किया जाएगा; इस बीच किसान

पूर्व में निर्धारित, अर्थात 1928 के प्रारम्भ में बढ़ाए गए भूराजस्व से पहले की भाँति ही, उसे चुकाएँ। आन्दोलन के दौरान नीलाम की गई भूमि को उसके स्वामियों को वापस करने तथा सत्याग्रह के समर्थन में त्यागपत्र देने वाले पटेलों व तलाटियों को पुनः बहाल करने का आश्वासन भी विल्सन ने उन्हें दिया। इस प्रकार वल्लभभाई के नेतृत्व को, संघर्ष प्रारम्भ करने के उनके ऐतिहासिक निर्गय के कारण, सफलता मिली।

बारडोली किसान आन्दोलन नेतृत्व की अद्भुत कला के कारण सफल हुआ था। कैसे? हम इस सन्दर्भ में यदि तनिक विस्तार में जाएँ, तो यह अप्रसांगिक नहीं होंगा। लेकिन मैं समझता हूँ कि इसके पूर्व, जो प्रभाव इस आन्दोलन ने भारत के राष्ट्रीय मुक्ति-आन्दोलन पर, विशेषरूप से आमजन, या दूसरे शब्दों में, ग्रामीण भारत में चेतना के सन्दर्भ में छोड़ा, और भारत के समकालीन इतिहास में जो अनेक पृष्ठ इस सत्याग्रह के कारण जुड़े, उसकी चर्चा करना रोचक, और साथ ही आज की पीढ़ी के लिए सूचनाप्रद होगा।

3

बारडोली के किसानों के अहिंसक संघर्ष के प्रारम्भ होने के कुछ सप्ताहों के बाद ही पूरे देश में इससे सम्बन्धित समाचार फैलने लगे। देश के कई प्रान्तों में किसान वर्ग चेतने लगा। जहाँ-जहाँ भी ब्रिटिश साम्राज्यवादी सरकार ने भूराजस्व में वृद्धि की थी, वहाँ-वहाँ अब किसानों की आँखें खुलीं। विशेष रूप से असम, पंजाब, महाराष्ट्र और संयुक्त प्रान्त का किसान तो विद्रोह की तैयारी करने लगा। पंजाब में विशेष रूप से अकाली दल ने अमृतसर के लगभग समस्त जत्थों

को तैयार रहने को कहा और यह प्रस्ताव किया, "यदि सरकार बारडोली के किसानों की माँग को आगे भी ठुकराती रही, तो हम सजग रहेंगे, आवश्यकता पड़ने पर बारडोली जाएँगे।"

इससे सरकार को भय हुआ और उसको बारडोली सत्याग्रह से देशभर के किसानों पर पड़ रहे प्रभाव से घबराहट भी हुई। तत्कालीन बर्मा के राजस्व सचिव के द्वारा भारत सरकार को लिखे पत्र के इन अंशों से इस संदर्भ में सहज ही अनुमान लगाया जा सकता है, "देश के अन्य भागों पर बारडोली किसान आन्दोलन से पड़े प्रभाव को देखते हुए (अब यह आवश्यक है कि) सभी प्रान्तीय सरकारों को भूराजस्व-वृद्धि से जुड़े विषयों की अविलम्ब जाँच करनी चाहिए।"[3]

भारत के अतिरिक्त दूसरे देशों, विशेषकर इंग्लैण्ड में, जनता का सरकार से पूर्णत असहयोग करने तथा उसे राजस्व देने से मना करने के दृढ़ निर्णय से सम्बन्धित समाचार पहुँचे। अंग्रेजी समाचार पत्र 'टाइम्स ऑफ इंडिया', जो उस समय सरकार की नीतियों व कार्यक्रमों का समर्थन करने वाला प्रमुख दैनिक था, ने अपने एक सम्पादकीय में लिखाः

"आर्य देश के बम्बई प्रान्त में बारडोली नाम का एक ताल्लुका है। वहाँ महात्मा गाँधी ने बोल्शेविज्म का प्रयोग करना प्रारम्भ कर दिया है। सरकार के समस्त साधन वहाँ मन्द पड़ गए हैं। गाँधी के शिष्य पटेल का बोलबाला है; वही वहाँ का लेनिन है। स्त्रियों, पुरुषों एवं बालकों में नई ज्वाला धधक रही है और इस ज्वाला में राजभक्ति की अंत्येष्टि-क्रिया हो रही है। स्त्रियों में नई चेतना का संचार हो गया है; वल्लभभाई उनके गीतों का केन्द्र बन रहा है। महिलाएँ अपने नायक वल्लभभाई के प्रति असीम भक्ति रखती हैं; लेकिन (वास्तव में) उनके

गीतों में राज-विद्रोह की भयंकर अग्नि सुलग रही है। उनको सुनते ही कान जलने लगते हैं, यदि ऐसी ही स्थिति रही, तो वहाँ निःसन्देह रक्त की नदियाँ बहेंगी।"

इस संघर्ष से एक अभूतपूर्व स्थिति उत्पन्न हो गई। किसानों को निरन्तर सहानुभूति मिलने लगी। उनमें जो जागृति आई और उसके परिणामस्वरूप जो उन्हें सफलता मिली, उसने एक ओर गाँधीवादी अहिंसक मार्ग की सार्थकता सिद्ध की तथा दूसरी ओर देशवासियों के सामने इस बात की स्पष्टता की कि सामूहिक शक्ति का प्रयोग वर्षों में नहीं, अपितु कुछ दिनों में ही स्वराज्य के द्वार खोल सकता है। यह भी सिद्ध हो गया कि हिंसा के विपरीत अहिंसक मार्ग से किया गया संघर्ष अधिक सार्थक है; नैतिकता व सत्य की शक्ति अतुलनीय है।

बारडोली किसान आन्दोलन की वैसे तो अनेक उपलब्धियाँ, विशेषकर सत्याग्रह के ढंग व उसकी तकनीकी के सन्दर्भ में, बताई जा सकती हैं; लेकिन मैं तीन प्रमुख व महान उपलब्धियों के विषय में ही कहना चाहता हूँ :

(क) किसान वर्ग, ग्रामीणों और देश के आमजन को राष्ट्रीय मुक्ति-आन्दोलन से जोड़ने का कार्य बारडोली आन्दोलन से हो सका। यह एक श्रेष्ठ उपलब्धि थी। बहुत हद तक इस आन्दोलन से प्रेरणा लेकर जनता दो वर्षोपरान्त महात्मा गाँधी द्वारा प्रारम्भ किए गए सविनय अवज्ञा आन्दोलन में कूद पड़ी थी। विशेष रूप से गुजरात, जो सविनय अवज्ञा आन्दोलन का केन्द्र था और जो बारडोली सत्याग्रह के समय भी हलचल से भरा था, इस कार्य में बहुत अग्रणी रहा। 'डाण्डी कूच' के समय महात्मा गाँधी

की जनसभाओं में जनता की भागीदारी एवं तदोपरान्त जेलों को भरने में दिखाए गए उत्साह[4] से इस बात का सहज ही अनुमान लगाया जा सकता है। चूँकि बारडोली आन्दोलन में स्त्रियों ने पुरुषों के बराबर भागीदारी की थी; विशेषावसरों पर पुरुषों से अधिक वीरता प्रदर्शित की थी, जिसका प्रभाव देश के अन्य भागों के महिला वर्ग पर भी पड़ा था। इस प्रभाव को भी नमक सत्याग्रह में बन्दी बनी महिलाओं के आँकड़ों से देखा जा सकता है।[5]

(ख) इस महान बारडोली किसान सत्याग्रह की दूसरी बड़ी व उल्लेखनीय उपलब्धि यह थी कि इसकी सफलता के उपरान्त देश की स्वाधीनता के लिए जनता को नेतृत्व प्रदानकर्ताओं ने कदाचित् प्रथम बार किसान वर्ग की शक्ति का अनुमान लगाया। इसी कड़ी में जहाँ कुछ वर्षोपरान्त लखनऊ काँग्रेस[6] संगठन के भीतर 'किसान काँग्रेस प्रकोष्ठ' स्थापित किया गया, वहीं अखिल भारतीय किसान सभा सहित देश के लगभग समस्त प्रान्तों में किसानों के संगठन स्थापित हुए।[7] इस सबसे किसान वर्ग न्यूनाधिक संगठित हुआ; और उसने देश की स्वाधीनता के आन्दोलन को शक्ति प्रदान की।

(ग) इस आन्दोलन की तीसरी उपलब्धि को तदोपरान्त निरन्तर किसानों में जागृत हुए आत्मविश्वास, स्वाभिमान तथा अपनी शक्ति को पहचाने में देखा जा सकता है; किसानों को सक्षम होने और आत्मनिर्भरता की ओर बढ़ने में पाया जा सकता है। इस आन्दोलन द्वारा किसानों को एक मार्ग सुझाया गया था कि

उन्हें किस प्रकार अब भविष्य में आगे बढ़ना है। वह मार्ग उक्त वर्णित बातों से होकर जाता है। किसान वर्ग इस मार्ग पर निरन्तर बढ़ा। स्वाधीनता के पूर्व ही नहीं, अपितु आज तक भी विभिन्न प्रान्तों में समय-समय पर हुए किसानों के आन्दोलन इसकी पुष्टि करते हैं।

4

मैंने बारडोली आन्दोलन की सफलता के पीछे एक कुशल, विशेष या अद्वितीय नेतृत्व-कला की बात की थी। इसी कला के साथ एकतापूर्ण सामंजस्य बैठाकर बारडोली के किसान इतिहास रच सके। आइए! अब देखें कि किसानों के नेता वल्लभभाई पटेल ने सत्याग्रह का नेतृत्व करते समय क्या-क्या सन्देश दिए:

(क) वल्लभभाई पटेल ने किसानों को सत्याग्रह के दौरान पहली शिक्षा दी, भय त्यागकर, वीर बनने की। कृषि प्रधान और किसानों के देश भारत में स्वयं किसान भयभीत रहें, वल्लभभाई यह कतई नहीं चाहते थे। इसलिए उन्होंने उनका आह्वान करते हुए कहा:

"किसान अन्नदाता है, वह भूमि को जोतता है। वर्षा में भीगकर, कीचड़ में सनकर, गर्मी में पसीना बहाकर और कड़ाके की सर्दी में ठिठुरकर वह निरन्तर कार्य करता है। किसान मरखने बैलों से काम लेता है, भयंकर कीट-पतंगों, जानवरों का सामना करता है। ऐसे में उसे डर किसका? ...वास्तव में किसान का जीवन ही खतरों से भरा है। खतरों से निरन्तर खेलने वाले को तो वीर ही रहना चाहिए, नपुंसकों की भाँति

व्यवहार नहीं करना चाहिए। फिर आपकी संख्या ही आपका बल है, सबसे बड़ी शक्ति है। किसानो! साहूकारों और उनकी रक्षा करने वाली सरकार का भय त्याग दो, वीर बन जाओ।"

अर्थव्यवस्था का आधार, सामाजिक मूल्यों का संरक्षणकर्ता और आम व खास-सभी-के जीवन को सुरक्षा प्रदानकर्ता किसान वर्ग हताश था। अपनी वास्तविकता से वह जाने-अनजाने में अनभिज्ञ था। वह सदियों से दुख व कष्ट का जीवनयापन कर रहा था। वल्लभभाई ने उसे, इस सत्याग्रह के माध्यम से, उसके अन्तर की गहराइयों में उतरकर झकझोरा और उसे स्वयं अपने स्वराज्य का भवन अपनी वीरता के बल पर खड़ा करने की शिक्षा दी। स्वयं वल्लभभाई के शब्दों में:

"...स्वराज्य ऊपर से नहीं टपकेगा। किसान को उसे स्वयं लेना है। स्वराज्य के भवन ग्रामों में खड़े करने हैं। किसान (यदि) समझ जाए, तो हमें सरकार के मुँह की ओर क्यों देखना पड़े? यही सन्देश बारडोली से देना है कि यदि किसान जाग जाए, (भय त्यागकर) सब कुछ समझ जाए, तो उसका परिणाम क्या हो सकता है? स्वराज्य कितनी सरलता से प्राप्त हो सकता है? सर्प जिस प्रकार केंचुली उतारकर फेंक देता है, (और राहत अनुभव करता है), वैसे ही अब किसान वर्ग, जब भी समझ जाए, इस (साम्राज्यवादी) सरकार का जुआ उतारकर फेंक सकता है। किसानों! वीर बनो और अपने कन्धे से दासता का जुआ उतारकर फेंक दो।"

(ख) न्याय के लिए संघर्ष करना हो और वह भी 'सत्याग्रह' के अस्त्र

से, पूर्णतः अहिंसा को केन्द्र में रखकर, तो हर दशा में स्वाभिमान की रक्षा करनी होगी। गाँधीवादी सिद्धान्त में यह आवश्यक है। इसीलिए वल्लभभाई पटेल ने बारडोली के किसानों को स्वाभिमान की शिक्षा दी; स्वाभिमान को हर रूप में बनाए रखने हेतु किसान वर्ग से व्यवहार कराया। किसानों के समक्ष इस सम्बन्ध में उन्होंने यह तर्क रखा था, "वे बताएँ कि क्या सत्याग्रह का उद्‌देश्य केवल एक या सवा लाख रुपये के भूराजस्व की वृद्धि से ही छुटकारा पाना है? क्या स्वयं जगत के पालनहार को सरकार के समक्ष हाथ फैलाकर लगान माफी की याचना करने से जुड़ा हुआ यह प्रश्न है?" "नहीं", वल्लभभाई ने स्वयं आगे कहा था "यह प्रश्न स्वाभिमान की रक्षा का है। किसान की आवाज़ को सुना जाए, इस परम्परा की स्थापना करने से जुड़ा है। ऐसा ही इस सत्याग्रह के माध्यम से होगा भी।" इसलिए किसानों का आह्वान करते हुए वल्लभभाई ने उनसे कहा था कि वे दया की रोटी को स्वीकार नहीं करें; उनके प्राण भी चले जाएँ, तो वे दान लेने से मना कर दें और पूर्णतः स्वाभिमानी होने का परिचय दें। स्वयं वल्लभभाई पटेल के ही शब्दों में:

"किसान भिखारी नहीं बनना चाहता। किसानों के समक्ष कितनी भी विवशता क्यों न हो, भिखारी की भाँति रोटी लेने से वह (स्पष्टतः) मना कर देगा। यदि (खेत में) बोने के लिए उसे बीज नहीं मिलेगा, तो (इसके विपरीत) वह अंग्रेजों की मिलों में श्रमिक के रूप में नहीं जाएगा। वह भिखारी बनने के स्थान पर

स्वाभिमान की रक्षा करेगा और इस हेतु अपने प्राण तक न्यौछावर कर देगा।"

(ग) वल्लभभाई ने किसानों को इस आन्दोलन में एकता का सैद्धान्तिक रूप से ही सन्देश नहीं दिया, अपितु व्यावहारिक ढंग से भी उनका ऐसा संगठन किया कि जिसे जानकर कदाचित् आज की पीढ़ी को आश्चर्य होगा। विशेष रूप से स्मरणीय बात यह रही कि बारडोली सत्याग्रह किसानों के साथ ही, क्षेत्र के दूसरे सभी लोगों, श्रमिक एवं कामगार, सरकारी कर्मचारी एवं व्यापारी आदि की एकता का सजीव उदाहरण बना; पुरुषों के साथ ही महिलाओं की समान भागीदारी और कहीं-कहीं तो महिलावर्ग के पुरुषवर्ग से भी आगे बढ़ जाने का इतिहास रचा जा सका।

एकता के सम्बन्ध में वल्लभभाई ने किसानों का आह्वान करते हुए कहा था, "जमीन जोतकर, श्रम द्वारा उत्पादन करने वाले छोटे-छोटे अनेक जमींदार, किसान अथवा कृषि कार्यों में सहायता करने वाले श्रमिक, वे किसी भी धर्म या जाति से क्यों न हों, (सभी किसान वर्ग की परिधि में आते हैं), वे सभी किसान हैं। सभी एक नाव में बैठे हैं, सभी (या तो) एक साथ पार लगेंगे अथवा (सभी) डूबेंगे।"

इसी एकता की कड़ी में ग्रामों की वास्तविक स्थिति, जिसमें अशिक्षा और भोलेपन के कारण, परिस्थितियों और व्यवस्था के कथित ठेकेदारों की भूमिका के कारण, किसान वर्ग कलह और झगड़ों का शिकार था, के सन्दर्भ में भी वल्लभभाई ने कहा था:

"गाँव-गाँव में किसानों के मध्य आपसी लड़ाई-झगड़े और फूट है। किसान स्वयं यदि इस स्थिति की वास्तविकता को नहीं समझेंगे, तो और कौन समझेगा? हमारा कर्तव्य अब यह है कि हम अपने (आपसी) मतभेदों को न बढ़ाएँ।"

चूँकि सरदार गम्भीर विनोदी स्वभाव के भी थे; वे कटाक्ष से भरी भाषा का उपयोग करके अपनी बात को अन्तर की गहराइयों में उतारने में दक्ष थे, इसीलिए उन्होंने अपने कथन के अन्त में कहा, "...यदि भैंस रखने वाले किसान वर्ग में एकता हो, तो उसे कोई सता नहीं सकता।"

यह ऐतिहासिक सत्यता है कि बारडोली में सत्याग्रह के समय न केवल किसानों में ही अभूतपूर्व एकता स्थापित हुई, अपितु उनके साथ अन्य लोगों में भी; विशेष रूप से महिला वर्ग द्वारा प्रदत्त सहयोग देखते ही बनता था। यह इस आन्दोलन का करिश्मा ही था कि पूर्व न्यायाधीश अब्बास तैय्यबजी, अब्दुल कादिर बवाजिर, रविशंकर व्यास, कल्याणजी व कुँवरजी मेहता, मीठुबहन पीटिट, पण्डयाभाई, मणिबहन आदि जैसे लोग, अर्थात पुरुष व स्त्रियाँ भाई-बहनों की भाँति जनकल्याणार्थ, न्याय की प्राप्ति के लिए और इतिहास रचने के लिए कदम-से-कदम मिलाकर चले।

यह भी इस सत्याग्रह का करिश्मा था कि सरकार व उसके अधिकारियों को क्षेत्र के लोगों से कोई सहायता या सहयोग प्राप्त नहीं हुआ। नाई या धोबी, श्रमिक या लोहार, बढ़ई अथवा कोई दूसरा कामगार, सभी ने किसानों के साथ एकरूपता

स्थापित की; सरकार से असहयोग किया, जिससे वह पूर्णतः पंगु बन गई। सरकार के अधिकारी जब्ती कर सकते थे, सामान नीलाम कर सकते थे, परन्तु क्षेत्र से कोई बोली लगाने वाला नहीं था। इसी प्रकार जब्त किए गए सामान को उठाने वाला कोई न था। इस प्रकार के कार्यों के लिए अधिकारियों को बाहर से ही व्यक्तियों की व्यवस्था करनी होती थी। ऐसी व्यवस्था का सफल होना सदैव संदेहास्पद रहता था; प्रायः व्यवस्था विफल रहती थी।

महिलाओं की एकता के क्या कहने? वीरांगनाओं की भाँति वे एक होकर पुरुषों के पीछे खड़ी रहीं। यदि किसी महिला को लगा कि उसका पुरुष ढीला है, तो वह स्वयं आगे हो गई तथा पुरुष को उसके पीछे आना पड़ा, और इस प्रकार के एक या दो ही नहीं, अनेक उदाहरण हमें देखने को मिलेंगे, लेकिन मैं दो महिलाओं का विशेष रूप से यहाँ उल्लेख करना चाहूँगाः

नानी फरोद ग्राम की बहन मोतीबाई बहुत साहसी और दृढ़-निश्चय वाली थी। लेकिन उनके पति कुँवरजी तनिक ढुलमुल स्वभाव के थे। वे ही क्यों? उनके जैसे अनेक अन्य भी थे। ऐसे ही लोगों को वल्लभभाई ने एकता के सूत्र में पिरोकर वीर बनाया था। लोगों में एकता की शिक्षा के उद्देश्य से वल्लभभाई ने नानी फरोद में एक मई, 1928 को एक विशाल जनसभा को सम्बोधित किया। उनके सम्बोधन का कुँवरजी पर इतना प्रभाव पड़ा कि वे अब निडर हो गए तथा उन्होंने दूसरे

किसानों के साथ सत्याग्रह में एकता स्थापित की।[8] इस पर मोतीबाई ने वल्लभभाई को पत्र लिखा। पत्र के शब्द थे:

"इस सत्याग्रह आन्दोलन से, जो लगान के विरोध में छेड़ा गया है, हमारा व्यक्तिगत लाभ भी बहुत हो रहा है। मेरे पूज्य पति श्री कुँवरजी दुर्लभ को जो उपदेश आपने दिया है, उसके लिए मैं आजन्म आपकी ऋणी रहूँगी। यदि सरकार इस संघर्ष में हमारी भूमि या दान सब कुछ छीन ले, तो भी हम डरने वाली नहीं हैं। यदि मेरे पति को कारागार जाना पड़े, तो भी आनन्दपूर्वक मैं उन्हें जाने दूँगी; अवसर आए, तो हम सभी स्वयं यही मार्ग अपनाएँगी।"

इसी प्रकार एक दूसरी निर्भीक महिला इच्छाबहन थी, जिनके घर के बाहर लगान न देने के कारण उनकी भूमि को खालसा किए जाने का नोटिस चिपकाया गया। इस पर उनके गाँव के अग्रणी कार्यकर्ता चुन्नीलाल ने उनसे पूछा:

"अब आप क्या करेंगी इच्छाबहन?"

"भूमि छिन जाए तो भले ही छिन जाए," इच्छाबहन ने उत्तर देते हुए कहा, "लेकिन हमारी प्रतिज्ञा भंग नहीं हो सकती। भूराजस्व हम कभी भी नहीं दे सकते हैं। भूमि चली जाएगी तो किसी प्रकार पेट तो हम भर लेंगे, लेकिन नाक चली गई, तब तो कहीं के न रहेंगे। मैं कभी भी अपना उद्देश्य नहीं छोड़ूँगी। ...चर्खे की जय हो। यदि सरकार मुझे बन्दी बनाकर कारागार में भी डाल देगी, तो वहाँ चक्की पीसते हुए भी मुझे लज्जा नही आएगी।"

स्त्रियाँ कई बार वल्लभभाई के पास जाती थीं और उनसे कहती थीं कि उन्हें अधिकारियों के सामने जाने की आज्ञा दें, क्योंकि उनके पति ढीले उत्तर दे सकते हैं, या वे भयभीत हो सकते हैं।

न जाने कितने पटेलों व तलाटियों ने किसानों से एकरूपता स्थापित करते हुए अपने-अपने पदों को त्याग दिया। नरीमन और मुंशी सहित पन्द्रह लोगों ने बम्बई की धारासभा से अपने-अपने त्यागपत्र दे दिए।[9]

(घ) सिद्धान्त का पालन करते हुए, पूर्णतः अनुशासित रहकर सुदृढ़ संगठन रखने का वल्लभभाई ने किसानों को संदेश दिया, और छः माह से भी अधिक समय तक निरन्तर उनके मध्य रहकर उनका संगठन कराया; अनुशासन में उन्हें बाँधे रखा। उन्होंने भरपूर प्रयास किया कि किसान अहिंसक गाँधीवादी सिद्धान्त की परिधि से बाहर न निकलें। देखिएगा, सर्वप्रथम उनका संगठन करने का यह आह्वानः

"अपना भला चाहते हो, तो (आपको) अपना सुदृढ़ संगठन बनाना चाहिए। (इस हेतु) ...एक-दूसरे के प्रति विश्वास उत्पन्न करना चाहिए, क्योंकि ...सभी किसान एक ही पिता की सन्तान हैं।"

इस सन्दर्भ में आगे वे भावुक होकर किसानों से कहते हैं: "एक किसान के नाते, आपके सगे भाई के नाते, व आपके सच्चे सेवक के नाते मैं कहता हूँ कि आप अपना सच्चा व सुदृढ़ संगठन खड़ा कीजिए। विश्वास रखते हुए आलस्य को

छोड़ दीजिए। डर त्याग दीजिए और फूट को मिटा दीजिए। कायरता को त्याग दीजिए, हिम्मत रखिए, वीर बन जाइए तथा आत्मविश्वास रखना सीखिए। इस परतंत्रता की बेड़ियों को काटकर, स्वतंत्र सत्ता की बागडोर अपने हाथ में लीजिए।"

अनुशासन के बिना कोई संगठन कारगर सिद्ध नहीं हो सकता; ध्येयपूर्ति में वह कभी सफल नहीं हो सकता और इस पर भी गाँधीवादी सिद्धान्त, जिसके केन्द्र में अहिंसा है, के दम पर संघर्ष की बात हो और अनुशासन में लेशमात्र भी कमी हो, तो ऐसा संघर्ष वास्तव में तो अपना उद्देश्य प्राप्त नहीं कर पाएगा। वल्लभभाई ने, इसीलिए, जहाँ किसानों का सिद्धान्त से तनिक भी दूर न होने का आह्वान किया, वहीं पूर्णतः अनुशासित रहने की बात भी उनसे की। इस सन्दर्भ में उन्होंने कहाः

"जैसा कि आप तो जानते ही हैं कि राम की सेना जंगली बन्दरों से बनी हुई थी। लेकिन उसने रावण जैसे राजा को धूल चटा दी। कारण था सेना का स्थायित्व और (उसमें) अनुशासन। मैं आपसे यही कहूँगा कि यदि आप सफलता चाहते हैं ...तो आप राम की सेना से सीख ले सकते हैं...।"

इसी प्रकार वल्लभभाई ने अपने द्वारा उठाए गए कदमों को किसी भी दशा में, परिस्थिति में या दबाव में पीछे न हटाने का किसानों का आह्वान किया; हर स्थिति में सिद्धान्त के पालन का उन्हें संदेश दिया। स्वयं वल्लभभाई के शब्दों में, "बाहरी हवा दम घोंटने वाली लगे, तो भी, घबराना नहीं। अँधेरी रात के बाद सवेरा होता है; ज्वार-भाटा सृष्टि का नियम है। जिसे अपने मार्ग पर अटल विश्वास होता है, वह स्वयं दुख

उठाकर खाइयों, गड्ढों या काँटों को लाँघकर अपनी मंजिल की ओर बढ़ता है तथा अन्त में अपने निश्चित किए हुए स्थान पर पहुँच जाता है।"

यह सिद्धान्त के प्रति कटिबद्धता ही थी कि किसानों ने बारडोली से अनोखा उदाहरण प्रस्तुत किया, जिसके आधार पर पूरे देश को, अथवा दुनिया को, यह आभास कराया गया कि सामूहिक अहिंसक शक्ति के बल पर संघर्ष करके किस प्रकार सफलता को प्राप्त किया जा सकता है।

ये कुछ उपरोक्त वर्णित सन्देश थे, जो वल्लभभाई ने किसानों को बारडोली सत्याग्रह के समय दिए। वैसे उन्होंने स्वाभिमान की रक्षा के लिए, जीवन को सुयोग्य मार्ग पर ले जाने के लिए और, जैसा कि हमने उक्त विश्लेषण में पाया, सर्वसहयोग हेतु किसान वर्ग से व्यवहार कराके एक अद्वितीय कीर्तिमान स्थापित किया।

बारडोली सत्याग्रह वल्लभभाई द्वारा लिए गए एक महत्त्वपूर्ण एवं ऐतिहासिक निर्णय और उसकी श्रेष्ठ ढंग से व्यवहार में परिणति के कारण सफल हुआ। यद्यपि यह संघर्ष पूर्णतः गाँधीवादी सिद्धान्त की परिधि में हुआ, लेकिन स्वयं महात्मा गाँधी एक दिन भी, पूरे आन्दोलन के दौरान, बारडोली नहीं गए। उनके सिद्धान्त के आधार पर 'अहिंसा' को केन्द्र में रखकर, जिस योजनाबद्धता से सत्याग्रह का संचालन किया गया, उसने बड़े-बड़े लोगों को आश्चर्य में डाल दिया; वल्लभभाई पटेल का लोहा मानने को विवश कर दिया।

5

क्षेत्र के सभी लोगों की एकताबद्धता और उसके परिणामस्वरूप

सरकारी मशीनरी के साथ असहयोग, जिससे प्रशासनतंत्र पूर्णतः विफल हो गया, बारडोली सत्याग्रह के संचालनार्थ अपनाई गई रणनीति का प्रथम बिन्दु था। वह योजनाबद्ध ढंग से किया गया; इसने न केवल क्षेत्रीय या प्रादेशिक ही, अपितु राष्ट्रीय स्तर पर अनुकरणीय उदाहरण के रूप में आमजन को स्तब्ध किया। दूसरे, सूचना-प्रणाली से जनता को सचेत रखा गया, जिससे प्रशासन सदैव ही अपनी उस रणनीति, जिसके द्वारा वह किसानों व ग्रामीणों में फूट डालने, उनमें भय बैठाने या उनकी सम्पत्ति को जब्त करने को तैयार रहता था, हर समय विफल रहा। विपरीत इसके ग्रामीण किसान हर बार सफल रहे। दो प्रकार से जनता को सचेत करने का कार्य किया गया। प्रथमः सत्याग्रह पत्रिका का जिला स्तर पर प्रकाशन करके संघर्ष से सम्बन्धित सभी समाचार उसमें प्रकाशित किए जाते थे, जिसने सम्बन्धित लोगों के प्रति सरकारी अन्याय अथवा उसकी अमानवीय नीति का खुलासा किया। किसानों के प्रति जनता की स्वाभाविक रूप से ऐसे में सहानुभूति उमड़ना आवश्यक थी।

द्वितीयः बारडोली के सभी ग्रामों में रणनीति या योजना के अन्तर्गत जनता को पूर्ण प्रशिक्षित किया गया कि उन्हें सरकारी कर्मचारियों या अधिकारियों के सामान जब्ती करने या गिरफ्तार करने के लिए आने पर कैसा व्यवहार करना है? उन्हें कैसे अपने-अपने घरों के भीतर जाने और द्वार बन्द करके निश्चिंत हो जाना है? प्रत्येक ग्राम से ऐसे स्वयंसेवक तैयार किए गए, जिन्हें बारी-बारी से ग्राम की सीमा पर पहरेदारी करनी थी और किसी सरकारी कर्मचारी अथवा अधिकारी के सीमा पर पहुँचते ही तुरन्त ग्रामवासियों को सूचना कर

देनी थी, ताकि वे घरों के बाहर न तो स्वयं दिखाई दें और न ही उनके पशु या सामान ही। यह कार्य ग्राम के अन्तिम घर, जो भी मार्ग पर पड़ता हो, के निकट किसी वृक्ष पर रखे गए नगाड़े को बजाकर किया जाता था।

इसी के साथ एक अति महत्त्वपूर्ण बात, जो सत्याग्रह की योजना का भाग थी, वह यह कि पूरे बारडोली ताल्लुका को चौदह क्षेत्रों में बाँटकर उनके, आवश्यकतानुसार एक या अधिक, संचालक नियुक्त किए गए।[10] ये संचालक सत्याग्रह के सिद्धान्त व उसके व्यवहार में दक्ष थे, जनता को सचेत करने व उसका नेतृत्व करने में कुशल थे और सार्वजनिक जीवन में स्वच्छ छवि वाले, दृढ़-निश्चयी व प्रतिज्ञापालक थे। इन लोगों ने एक दल के रूप में वल्लभभाई के नेतृत्व में कार्य किया। इन्हीं में से कुछ, बाद में, राष्ट्रीय स्तर के सत्याग्रहियों के रूप में सुविख्यात हुए; तथा भारत की स्वाधीनता के बाद इन्होंने जनकल्याणार्थ सदैव अनुकरणीय कार्य करते हुए कई कीर्तिमान भी स्थापित किए। इस प्रकार बारडोली में सत्याग्रह का निर्णय, जो स्वयं उन्हें, 'सरदार' बना सका, प्रमुख व ऐतिहासिक था और, जैसा कि हमने अपने इस आन्दोलन से सम्बन्धित विश्लेषण में पाया, अभूतपूर्व होने के साथ ही गाँधीवादी दर्शन के व्यवहार हेतु एक मुख्य आयाम था। इस आन्दोलन के महत्त्व और देश पर हुए इसके प्रभाव को थोड़े में नहीं आँका जा सकता।

सन्दर्भ:

1. इस सत्तासी हजार की जनसंख्या में तीस हजार पाटीदार, पैंतालिस हजार डुबला व दूसरे राजीपरज, तीन हजार मुसलमान, तीन हजार अनाविल ब्राह्मण, दो हजार वैश्य तथा लगभग इतने ही अछूत थे।

2. वर्ष 1921-22 के दौरान सरकार ने इस क्षेत्र में लगभग तीस प्रतिशत भूराजस्व वृद्धि की थी।
3. बर्मा के राजस्व सचिव ने 31 अक्टूबर, 1928 को यह पत्र लिखा था। इसके परिणामस्वरूप केन्द्र सरकार ने जाँच के निर्देश दिए और मुख्यतः संयुक्त प्रान्त, पंजाब व महाराष्ट्र में क्रमशः 45, 23 व 20 प्रतिशत की तत्काल भूराजस्व वृद्धि पाई। यह उसके लिए भी चिन्ता का विषय था। परिणामस्वरूप अगले वर्ष शिमला में राष्ट्रीय राजस्व परिषद की बैठक हुई, जिसमें भूराजस्व कम करने का निर्णय लिया गया। यह देश के इतिहास में एक अभूतपूर्व घटना थी। सरकार किसानों की ओर से विद्रोह होने के भय से चिंतित थी; ऐसा हो जाए तो उसके अस्तित्व की सम्भावना नहीं थी।
4. 'नमक कानून' भंग करके 'सविनय अवज्ञा आन्दोलन' को प्रारम्भ करने के उपरान्त महात्मा गाँधी को बन्दी बनाया गया, जिसके परिणामस्वरूप प्रथम चरण में ही तरेसठ हजार चार सौ नब्बे लोगों की गिरफ्तारी हुई। इस संख्या में बहुमत किसानों व ग्रामीणों का था।
5. उक्त काल में चार हजार से भी अधिक महिलाएँ बन्दी बनाई गईं।
6. वर्ष 1936 में।
7. इस सम्बन्ध में पंजाब खेती-बाड़ी जमींदार संघ, कीर्ति किसान सभा, तमिलनाडु किसान लीग, महाराष्ट्र किसान लीग, बंगाल किसान लीग, असम की सूरमा घाटी का किसान संघ आदि विशेष रूप से उल्लेखनीय हो सकते हैं।
8. नानी फरोद में अपने भावपूर्ण, मार्मिक तथा ऐतिहासिक सम्बोधन में वल्लभभाई ने किसानों का आह्वान करते हुए कहा था, "सरकार जब्ती करके अपना बल देख चुकी है। अब उसका भूमि को खालसा करने का विचार भी थोथा ही सिद्ध होगा। किसमें साहस होगा, जो हमारे खेतों को जोत सके? हमने कोई चोरी तो की नहीं है और न ही कोई डाका डाला है। हम तो अपनी प्रतिष्ठा के लिए लड़ रहे हैं; ईश्वर का नाम लेकर

अपनी टेक पर अड़ गए हैं। आप देखेंगे कि सरकार की तोप या बन्दूकों के वार खाली जाएँगे; उन तोपों से हमारे ऊपर पुष्पों की वर्षा होगी। अब एकता के सूत्र में बँध गए बारडोली के किसानों का भय मिट गया है। इन किसानों की बात अब कोई टाल नहीं सकता। ध्यान रखें कि कोई भी किसी की भूमि न ले। ऐसा करना गौ-मांस खाने के समान है। हम अपनी माता का आठ मास तक ही दूध पीते हैं। अरे! धरती को तो हम वर्षों से चूसते आ रहे हैं। आइए! अब कुछ दिनों के लिए धरती माता को भी विश्राम कर लेने दें। इतने में ही सरकार की बुद्धि ठिकाने आ जाएगी...।

"आप तो किसान-पुत्र हैं। किसानों के बालक कभी भी दूसरों की ओर हाथ नहीं फैलाते हैं। आप कार्य करने वाले हैं; आपको डर किस बात का? श्रमिक आपके साथ हैं, आप व आपके सहयोगी कामगार पसीना बहाकर कमाते व खाते हैं। अब आपके ही दिन हैं, अन्यों के दिन जाते रहे। आप किसी से भी भयभीत नहीं हों। एक होकर न्याय व प्रतिष्ठा के लिए निरन्तर संघर्ष कीजिए। यहाँ अमर होकर कौन आया है? आवश्यकता पड़े, तो सम्पूर्ण राष्ट्र के किसानों के लिए आन्दोलन करके भी दिखा दीजिए और देश के लिए अपने आपको मिटाकर विश्व में अपनी अमर कीर्ति फैला दीजिए।"

9. कन्हैयालाल मणिकलाल मुंशी और के० एफ० नरीमन के अतिरिक्त जिन अन्य तेरह सदस्यों ने बारडोली के किसानों की माँग के समर्थन में मुम्बई की धारासभा को छोड़ा, वे थेः दादूभाई देसाई, भीमभाई नायक, एच० वी० शिवदासानी, हरिभाई अमीन, अमृतलाल सेठ, जेठालाल स्वामीनारायण वामनराव मुकादम, जीवाभाई पटेल, लालजी नाराणजी, मोहनलाल केदारनाथ दीक्षित, नारायणदास बेचर, लालूभाई देसाई, जीवनलाल तथा जयरामदास दौलतराम।

10. चौदह क्षेत्रों में नियुक्त किए गए संचालक इस प्रकार थे :

वराड़ (16 ग्राम) : मोहनलाल पण्डया

वालदा	(7 ग्राम)	:	अम्बालाल देसाई
बाकानेर	(7 ग्राम)	:	भाईलालभाई अमीन
स्यादला	(8 ग्राम)	:	फूलचन्द बापूजी शाह
बारडोली	(4 ग्राम)	:	बी० चिनाय
मोता	(2 ग्राम)	:	बलवन्त राय
वाजीपुरा	(4 ग्राम)	:	नर्वदाशंकर पण्डया
सीकेर	(7 ग्राम)	:	कल्याणजी वालजी
आफवा	(6 ग्राम)	:	रतनजी भगाभाई पटेल
बुहारी	(4 ग्राम)	:	नागरभाई पटेल
सरभण	(31 ग्राम)	:	रविशंकर व्यास, सुभन्त मेहता, त्रिभुवनदास व भीमभाई वशी
बामणी	(17 ग्राम)	:	गोपालदास देसाई
बालोड	(29 ग्राम)	:	चन्दूलाल देसाई एवं केशवभाई पटेल
गोलन	(7 ग्राम)	:	मणिबहन वल्लभभाई पटेल

◆◆◆

2
काँग्रेस संसदीय समिति के अध्यक्ष और अनुशासन

अमरीकी लेखक और पत्रकार विन्सेन्ट शीन ने सरदार वल्लभभाई पटेल के निधनोपरान्त उनके विषय में लिखा था:

"सरदार पटेल ने काँग्रेस दल का पूरे देश में इतने अनुशासनात्मक ढंग से संगठन किया था कि उसको उनके हाथ की हथेली पर देखा जा सकता था" और, "...सरदार पटेल ने काँग्रेस दल को ऐसा संगठन बनाया था कि जैसा वह उससे पूर्व में नहीं था। ...वे प्रत्येक विषय में गुण-दोष के आधार पर, और दलीय अनुशासन के दृष्टिकोण से, दण्ड अथवा पारितोषिक दिया करते थे; वे स्वयं तो एक सच्चे राष्ट्रप्रेमी थे ही, लेकिन इससे भी बढ़कर वे राष्ट्रीय स्वत्वों के संरक्षक थे।"[1]

सरदार पटेल के सन्दर्भ में शीन द्वारा लिखित उक्त पंक्तियाँ पूर्णतः सच्चाई से युक्त हैं, वास्तविक हैं। अखिल भारतीय काँग्रेस महासमिति ने, 1934 के जून के माह में अपने पटना अधिवेशन में काँग्रेस संसदीय समिति गठित करने का ऐतिहासिक निर्णय लिया। उसने सरदार वल्लभभाई पटेल को इस समिति का अध्यक्ष बनाने का दूसरा ऐतिहासिक निर्णय लिया। वल्लभभाई ने इस अतिमहत्त्वपूर्ण दायित्व को सँभालने का स्वयं जो निर्णय लिया, वह भी ऐतिहासिक था।

काँग्रेस द्वारा संसदीय समिति को गठित करने का निर्णय इसलिए ऐतिहासिक था कि इसी के दिशा-निर्देशन में अब भविष्य में राज्य विधान सभाओं एवं केन्द्रीय विधान सभा के लिए दल की ओर से उम्मीदवार तय होने थे, चुनावों हेतु प्रचार या उनका संचालन आदि होना था। इसी समिति को, दिशा-निर्देशन के साथ ही, विजय की रणनीति बनानी थी। और यह सारा कार्य सुचारु रूप से तथा व्यवस्थित ढंग से करना था। काँग्रेस का दूसरा निर्णय, जिसमें सरदार वल्लभभाई पटेल को समिति का अध्यक्ष बनाना, वह भी पण्डित मालवीय और डॉ० मुख्तार अहमद अंसारी जैसे वरिष्ठतम नेताओं को इस समिति का सदस्य बनाकर[2] इसलिए ऐतिहासिक था, क्योंकि उस समय उनसे बढ़कर कोई दूसरा संगठनकर्ता, या दलीय विषयों में निपुण कोई अन्य नहीं था। सरदार पटेल को स्थानीय राजनीति का गहरा तथा सूक्ष्म ज्ञान था; जनभावनाओं से वे भली-भाँति परिचित थे। जनता काँग्रेस के आह्वान के साथ अपने को किस प्रकार जोड़े रहे? मतदाता अधिकाधिक संख्या में उससे सम्बद्ध हों, यह कार्य करने में सरदार दक्ष थे। इसीलिए संसदीय समिति का उन्हें अध्यक्ष बनाने का निर्णय करके पार्टी ने ऐतिहासिक कार्य किया। विशेष रूप से इसका परिणाम यह हुआ कि दल को सुदृढ़ता मिली और निम्न स्तर पर उसके कार्यक्रमों, नीतियों तथा अनुशासन-भावना के लिए कार्यकर्ताओं में जागरूकता बढ़ी। इन बातों का बहुत सकारात्मक व दूरगामी प्रभाव पड़ा।

सरदार वल्लभभाई पटेल के लिए स्वयं काँग्रेस संसदीय दल की अध्यक्षता को स्वीकार करने का निर्णय इसलिए ऐतिहासिक था, क्योंकि

इसके माध्यम से वे पहले से कहीं अधिक सुदृढ़ जननेता के रूप में सामने आ सके। उन स्थानीय व क्षेत्रीय विषयों से उनका परिचय हो सका, जो आगे चलकर चुनौतियों के रूप में देश के सामने आने वाले थे और जिन्हें उन्हें स्वयं ही भारत के गृह तथा रियासतों के विभाग के मंत्री के नाते सुलझाना था। अब वे पार्टी कार्यकर्ताओं एवं दलीय नेताओं, वे किसी स्तर के भी हों, के अधिकाधिक निकट आए। सरदार की कार्य पद्धति, सुदृढ़ता तथा अनुशासन के प्रति कटिबद्धता से सभी परिचित हुए। इससे पार्टी पर उनकी ऐसी पकड़ हो गई, उस पर उनकी ऐसी धाक जम गई कि जिसके लिए विन्सेन्ट शीन ने लिखा, "उसे (काँग्रेस को) उनके हाथ की हथेली पर देखा जा सकता था।"

2

काँग्रेस संसदीय समिति के प्रमुख के रूप में सरदार वल्लभभाई पटेल ने अनेक स्मरणीय कार्य किए। 'भारत-शासन अधिनियम 1935' के प्रावधानानुसार वर्ष 1937 में हुए प्रान्तीय विधान सभाओं के चुनावों का अपने दल की ओर से वल्लभभाई ने श्रेष्ठ संचालन किया। इसके पूर्व भी 1934 के उत्तरार्द्ध में जो चुनाव केन्द्रीय विधानसभा के लिए हुए, उनमें भी उनकी प्रमुख भूमिका थी। इन चुनावों में भूलाभाई देसाई, सत्यमूर्ति, गोविन्द बल्लभ पन्त, काकासाहेब गाडगील आदि, जैसे काँग्रेसी नेता चुनाव जीते थे। 1946 ईस्वी में केन्द्रीय विधान सभा तथा प्रान्तीय विधान सभाओं के निर्वाचनों, जिनकी स्वतंत्रता के द्वार पर खड़े देश के लिए भारी महत्ता थी, के लिए बनी काँग्रेस चुनाव समिति के मुख्य व्यक्ति के तौर पर उनके द्वारा की गई व्यवस्थाएँ अभूतपूर्व रहीं।

इन चुनावों में काँग्रेस का बहुत अच्छा प्रदर्शन रहा, उसे आशातीत सफलता मिली। इस श्रेष्ठ प्रदर्शन और प्राप्त सफलता के लिए अन्य बातों के साथ ही, चुनावों के लिए तैयार की गई दलीय रणनीति, अच्छी छवि और साख वाले समर्पित उम्मीदवारों का चयन और प्रचार कार्य आदि उत्तरदायी कारण थे, जिनके लिए सरदार पटेल को ही सबसे बड़ा श्रेय जाता है।

सरदार वल्लभभाई पटेल, सेठ जमनालाल बजाज के निधनोपरान्त आजीवन काँग्रेस के कोषाध्यक्ष रहे थे। इस नाते भी चुनावों में उम्मीदवारों के लिए धन-व्यवस्था करने में वे अग्रणी रहे। समय-समय पर दल को संगठनात्मक दृष्टि से होने वाली हानियों, जैसे कि 1939 में सुभाष बाबू के काँग्रेस छोड़ देने से हुई हानि, की पूर्ति सरदार करते रहे। वह सरदार पटेल ही थे कि जिन्होंने द्वितीय विश्व युद्ध के समय काँग्रेसी नेताओं में उभरे मतभेदों, अथवा स्वाधीनता के उपरान्त उत्तर प्रदेश और बिहार सहित कई प्रान्तों की काँग्रेस समितियों में उत्पन्न गुटबाजी से निरन्तर दल को हो रही हानि से रोका और काँग्रेस को वहाँ सुरक्षित किया।

संसदीय समिति के अध्यक्ष और 1946 के चुनावों के मुख्य संचालक के अपने काल में जो कार्य सरदार वल्लभभाई पटेल ने किए, वे इतने अधिक हैं कि कुछ पृष्ठों में ही उनका उल्लेख नहीं किया जा सकता। तो भी उनके द्वारा किए गए वे सभी कार्य अनुकरणीय थे, हैं और रहेंगे। उन कार्यों में से कुछ काँग्रेस तथा देश के लिए इतिहास रचने वाले रहे हैं। चूँकि उन कार्यों का विश्लेषण यहाँ करना मेरा उद्देश्य नहीं है, इसलिए मैं ऐसा न करके उनके द्वारा संसदीय समिति

के अध्यक्ष के समय के दो निर्णयों की, जो दलीय अनुशासन को केन्द्र में रखकर उन्होंने लिए, चर्चा करना चाहूँगा। मेरी दृष्टि में सरदार के वे दोनों निर्णय अति महत्त्वपूर्ण, अनुकरणीय एवं ऐतिहासिक थे। लेकिन ऐसा करने से पूर्व, विशेषरूप से आज की युवा पीढ़ी को जानकारी देते हुए, बल देकर यह बात कहना चाहूँगा कि बीसवीं शताब्दी के चौथे दशक के उत्तरार्द्ध तथा पूरे पाँचवें दशक में सरदार वल्लभभाई पटेल की काँग्रेस दल में निर्णायक भूमिका रही। काँग्रेस संसदीय समिति के प्रमुख व केन्द्रीय चुनाव समिति के अग्रणी के तौर पर उनका अभूतपूर्व योगदान रहा। उनके उपरान्त उनके जैसे प्रभाव वाले, सिद्धान्त व मूल्यों पर अडिग रहने वाले बहुत ही कम काँग्रेस दल में रहे।

सरदार पटेल ने कठोर अनुशासन के आधार पर काँग्रेस को बल प्रदान किया। अनुशासन के नाम पर उन्होंने कोई समझौता नहीं किया। इसी अद्वितीय गुण के कारण उन्हें काँग्रेस के लगभग समस्त सदस्यों का समर्थन प्राप्त हुआ; वल्लभभाई की उनमें बहुत ऊँची साख बनी। काँग्रेसीजन सरदार पटेल से भयभीत रहते थे, लेकिन उनका बड़ा सम्मान भी करते थे; वे उनकी निर्णय-क्षमता और कार्य-पद्धति, सरलता, स्पष्टता और दृढ़ता के कायल थे। उनकी, जैसा कि मैंने पहले भी उल्लेख किया है, स्थानीय, प्रान्तीय और राष्ट्रीय राजनीति पर सूक्ष्म और गहरी पकड़ थी। संगठनात्मक विषयों में भी वे त्वरित निर्णय लेते थे; प्रजातांत्रिक आदर्शों और नैतिकता का, निर्णय लेते समय, उन्होंने कभी उल्लंघन नहीं किया। इन महान विशिष्टताओं के कारण काँग्रेस के सर्वाधिक प्रकाशमान रत्न सरदार वल्लभभाई पटेल दल को

अनेक तूफानों से सुरक्षित कर सके, उसे गौरव से भरपूर स्थान पर प्रतिष्ठित कर पाए। सरदार पटेल ही थे, जिन्होंने अनुशासन के बल पर काँग्रेस को वह गति दी, जिसके आधार पर 1967 के लोकसभा व प्रान्तों की विधान सभाओं के चुनावों में आंशिक असफलता के पूर्व तक वह दृढ़ता से टिकी रही।

सरदार वल्लभभाई पटेल का निधन 1950 में हुआ। काँग्रेस आंशिक असफलता का शिकार 1967 में हुई। 17 वर्ष के समय (अवधि) तक अपनी पूर्व की गति के बल पर काँग्रेस का टिके रहना कोई छोटी बात नहीं थी। आज भारत के सभी राजनीतिक दलों को इससे सीख लेने की आवश्यकता है।

3

काँग्रेस संसदीय समिति के अध्यक्ष के रूप में सरदार पटेल के दो उल्लेखनीय व ऐतिहासिक निर्णयों में से पहला था, 1937 में बम्बई में नरीमन की काँग्रेस विधायक दल के नेता पद की उम्मीदवारी का समर्थन न करना। यह मुद्दा वास्तव में अनुशासनहीनता से जुड़ा था; इसके मूल में नरीमन का यह कृत्य था, जो 1934 के केन्द्रीय विधानसभा के चुनावों के समय उन्होंने किया। इस कृत्य से काँग्रेस दल को हानि हुई थी, और भले ही प्रत्यक्ष रूप से इसमें कोई अनुशासनहीनता दिखाई न दी हो, परन्तु निश्चिततः यह विषय था अनुशासन को भंग करने वाला ही। सरदार पटेल ऐसे विषयों में कभी समझौते करने वाले नहीं थे।

के० एफ० नरीमन बम्बई नगर के एक प्रसिद्ध एडवोकेट तथा अग्रणी काँग्रेसी नेता थे; वे बम्बई नगर काँग्रेस समिति के अध्यक्ष भी

रहे। 1937 के चुनाव में वे तत्कालीन बम्बई विधान सभा के लिए निर्वाचित हुए तथा उन्हें आशा ही नहीं, अपितु पूर्ण विश्वास था कि अन्य निर्वाचित विधायक उन्हें अपना नेता चुनेंगे। इसका तात्पर्य यह था कि वे काँग्रेस, जिसे विधान सभा में बहुमत मिला था, द्वारा गठित सरकार का नेतृत्व करेंगे; राज्य के प्रधानमंत्री बनेंगे। इतना ही नहीं, अनेक समाचारपत्रों, प्रमुखतः पारसी-सम्प्रदाय के प्रभाव वाले पत्रों ने इस सम्बन्ध में उनके लिए लिखना प्रारम्भ किया; उनके समर्थन में प्रचार-कार्य किया।

सरदार वल्लभभाई पटेल स्वयं बम्बई विधान सभा में काँग्रेस दल के नेता के प्रश्न पर रुचि ले रहे थे। क्यों? प्रथमतः इसलिए, क्योंकि वे काँग्रेस संसदीय समिति के अध्यक्ष थे, और इस रूप में उनका ऐसा करना स्वाभाविक था। दूसरे, बम्बई उनका अपना राज्य था। यह सर्वविदित है कि उस समय के बम्बई प्रान्त में महाराष्ट्र व कर्नाटक के भागों के अतिरिक्त गुजरात क्षेत्र भी सम्मिलित था। इसलिए, इस रूप में भी, उनकी बम्बई में रुचि रही हो, तो इसमें न तो कुछ आश्चर्यजनक था, और न ही अस्वाभाविक। तीसरे, वल्लभभाई की रुचि स्पष्टतः इसलिए थी, क्योंकि वे चाहते थे कि मुम्बई में जो भी काँग्रेसी सरकार का नेतृत्व करे, वह समर्पित कार्यकर्ता और अनुशासित सिपाही हो। तो भी, सरदार पटेल लोकतांत्रिक ढंग से किए गए किसी चयन, अथवा दूसरे शब्दों में, बहुमत से लिए गए किसी निर्णय को नकारने या प्रभावित करने के पक्ष में नहीं थे। नरीमन ने जब यह पाया कि सरदार पटेल बम्बई विधान सभा के काँग्रेस दल के नेता के चयन में रुचि रखते हैं, तो उन्होंने सरदार से सम्पर्क किया; उनका

समर्थन माँगा। लेकिन सरदार पटेल ने ऐसा करने से मना कर दिया। क्यों?

वल्लभभाई ने नरीमन को इसलिए समर्थन देने से मना किया, क्योंकि नरीमन ने 1934 के केन्द्रीय विधान सभा के चुनावों में दलीय अनुशासन को भंग किया था; काँग्रेस को हानि पहुँचाई थी।[3] इसीलिए वल्लभभाई दृढ़ निश्चय के साथ नरीमन के पक्ष में नहीं रहे। लेकिन जैसा कि कहा है, बहुमत के निर्णय, अथवा प्रजातांत्रिक ढंग से किए जाने वाले चयन को भी वल्लभभाई प्रभावित नहीं करना चाहते थे। इसी के साथ-साथ नरीमन के पारसी होने का वल्लभभाई को ज्ञान था; वे यह भी नहीं चाहते थे कि उन पर किसी अल्पसंख्यक-समुदाय, विशेष रूप से पारसी जैसे समुदाय, जो जनसंख्या में बहुत छोटा हो, की ओर से किसी प्रकार का कोई आक्षेप लगे। यही कारण रहा कि उन्होंने प्रत्यक्ष रूप से पूरे प्रकरण से अपने को अलग रखा, लेकिन सरदार वल्लभभाई पटेल जैसे दृढ़ अनुशासनप्रिय और साख वाले नेता[4] का नरीमन को समर्थन देने से मना करना ही अपने आप में इतना महत्वपूर्ण था कि वह बम्बई काँग्रेस विधायक दल के नेता नहीं चुने जा सके। इसके विपरीत बाल गंगाधर खेर सर्वसम्मति से नेता चुने गए और राज्य के प्रधानमंत्री बने।

अपनी पराजय को नरीमन सहन नहीं कर सके। उनके समर्थक समाचारपत्रों व पत्रिकाओं ने सरदार वल्लभभाई पटेल के विरुद्ध निरन्तर लिखना जारी रखा, स्वाभाविक था कि सरदार पटेल इससे विचलित होते, लेकिन उन्होंने बहुत धैर्य से काम लिया; और किसी धर्म-सम्प्रदाय, जैसे कि पारसी, जिससे नरीमन सम्बद्ध थे, का ही यह

मुद्दा न बन जाए, इसका बहुत ध्यान रखा। फिर भी मामला शान्त न हुआ, और अन्ततः स्वयं नरीमन की सहमति से पूरे प्रकरण की जाँच हेतु एक समिति बनाई गई। समिति में महात्मा गाँधी और मुम्बई के पूर्व महाधिवक्ता डी० एन० बहादुरजी, जो स्वयं एक पारसी थे, सम्मिलित थे। समिति ने 1934 में नरीमन की भूमिका, जो उन्होंने केन्द्रीय विधान सभा के चुनावों के समय निर्वाह की थी, सहित 1937 के मामले, जिसमें खेर काँग्रेस विधायक दल के नेता चुने गए, की जाँच की। नरीमन 1934 के प्रकरण में दोषी पाए गए। यही कारण था कि "वल्लभभाई ने उनकी अनुशासनहीनता के कारण उन्हें अपनी ओर से 1937 में नेता पद के अयोग्य पाया", यही समिति का निर्णय रहा, जिसे नरीमन ने पहले तो स्वीकार किया, लेकिन एक सप्ताहोपरान्त वे पुनः उससे मुकर गए। लेकिन जाँच हो चुकी थी, और रिपोर्ट भी आ चुकी थी, इसलिए काँग्रेस कार्यसमिति ने अब निर्णय किया, "(नरीमन) किसी भी उत्तरदायित्व के पद या विश्वास के सर्वथा अयोग्य हैं।" प्रकरण समाप्त हुआ। नरीमन काँग्रेस छोड़ गए। लेकिन दल को इससे लाभ हुआ; दलीय अनुशासन के प्रति अन्य लोग सचेत हुए।

4

दलीय अनुशासन से जुड़ा दूसरा मामला मध्य प्रान्त के तत्कालीन प्रधानमंत्री नारायण भास्कर खरे से सम्बन्धित था। खरे 1937 के चुनावों के उपरान्त काँग्रेस के 41 निर्वाचित सदस्यों के नेता चुने गए तथा इस नाते मध्य प्रान्त के प्रधानमंत्री बने। सरदार वल्लभभाई पटेल का उन्हें पूर्ण आशीर्वाद तथा सहयोग मिला। यद्यपि उस समय की मध्य प्रान्त की विधान सभा में 27 सदस्य मराठी भाषी थे, स्वयं खरे भी

मराठी भाषी ही थे, विपरीत इसके 43 लोग हिन्दी भाषी थे। रविशंकर शुक्ल, द्वारका प्रसाद मिश्र तथा डी०के० मेहता प्रमुख हिन्दी भाषी सदस्य थे, जो खरे के मंत्रिमण्डल में भी थे।

मध्य प्रान्त, वास्तव में, हिन्दी भाषियों के वर्चस्व वाला ही माना जाता था। इसलिए प्रारम्भ से हिन्दी भाषी नेता, जिनका वर्णन मैंने किया है, अल्पमत के समर्थन वाले नागपुर के नारायण भास्कर खरे के नेता पद पर चयन से बहुत प्रसन्न नहीं थे। लेकिन सरदार पटेल के सहयोग, जो उन्होंने एक योग्य तथा प्रमुख काँग्रेसी खरे को दिया, उसके कारण शुक्ल, मिश्र, मेहता आदि ने उनका नेतृत्व स्वीकार कर लिया। इसके बाद खरे को चाहिए था कि जहाँ एक ओर वे अपने मंत्रिमण्डल के साथियों व दलीय विधायकों के साथ अच्छे से अच्छा व यथासम्भव तालमेल बनाकर रखते, उनका सहयोग प्राप्त करते, वहीं दूसरी ओर अपने पर वरदहस्त रखने वाले तथा काँग्रेस संसदीय दल के अध्यक्ष सरदार वल्लभभाई पटेल का समय-समय पर निर्देशन लेते रहते। इस हेतु खरे बाध्य भी थे, क्योंकि वल्लभभाई संसदीय समिति के अध्यक्ष होने के अतिरिक्त प्रान्तीय मंत्रिमण्डलों को संचालित कर रहे थे; काँग्रेस की ओर से वे इस कार्य हेतु अधिकृत थे।

लेकिन खरे ने उक्त दोनों बातों से किनारा किया और क्षेत्रीय व भाषाई आधार पर उत्पन्न समस्या से निपटने के लिए, दूसरे शब्दों में अपने विरोधियों से दो-दो हाथ कर उनके सफाए के लिए, सरदार पटेल तथा काँग्रेस के केन्द्रीय नेतृत्व को पूर्णतः नकारकर प्रान्त के अंग्रेजी गवर्नर हेडे गोवन को अपने हितों का संरक्षक बना लिया। दोनों-प्रधानमंत्री खरे और गवर्नर गोवन-निरन्तर राजनिवास, नागपुर में

मिलते थे। सभी महत्त्वपूर्ण विषयों, वे नीतिगत हों या दूसरे, में गवर्नर ही खरे के सलाहकार बन गए। यह काँग्रेस की नीतियों तथा साथ ही उसे मात देकर राज्य में उसकी सरकार गठित कराने वाले मतदाताओं के प्रति विश्वासघात था। यह सीधे-सीधे अनुशासनहीनता का मामला भी था, जिसे सरदार पटेल सहन नहीं कर सकते थे। इसलिए वे खरे से अप्रसन्न हो गए।

इसी मध्य मार्च, 1938 में खरे के मंत्रिमण्डल के एक सदस्य, मुहम्मद यूसुफ शरीफ, जिनके पास कानून विभाग था, ने संगीन व अमानवीय अपराध में बन्दी[5] चार लोगों की मुक्ति के अचानक आदेश दे दिए। इस कार्य की सूचना सरदार पटेल के पास पहुँची, तो काँग्रेसी सरकारों के मार्गदर्शक के रूप में उन्होंने खरे से मामले की आख्या माँगी। खरे ने अपने मित्र और खेमे के व्यक्ति होने के कारण शरीफ का बचाव करना प्रारम्भ कर दिया और अन्ततः सरदार पटेल को लिखा कि शरीफ द्वारा क्षमायाचना करने के बाद मामला समाप्त कर दिया गया है।[6] इस बात से भी सरदार को बुरा लगा, क्योंकि शरीफ द्वारा किया गया कार्य आसानी से क्षमा कर दिए जाने योग्य नहीं था। वल्लभभाई ने अपने स्तर से इसी कारण पूरे प्रकरण की जाँच कराई।[7] इसमें शरीफ का कृत्य घिनौना पाया गया; खरे की लीपा-पोती और शरीफ के बचाव पर तीखी टिप्पणी की गई। परिणामस्वरूप 21 मई, 1938 को शरीफ को अपने पद से हटना पड़ा। उनके समक्ष कोई दूसरा विकल्प था भी नहीं।

इस घटनाक्रम के उपरान्त रविशंकर शुक्ल, द्वारका प्रसाद मिश्र, डी० के० मेहता तथा एक अन्य पी० बी० गोले ने खरे मंत्रिमण्डल से

त्यागपत्र दे दिया। अब काँग्रेस संसदीय समिति के अध्यक्ष से दिशा-निर्देश लेने के स्थान पर, पुनः त्रुटि करते हुए, खरे ने राज्य के कार्यवाहक राज्यपाल ह्यू बोम्फोर्ड से गुहार लगाई। इसमें उनकी भारतीय जनता अथवा उन लोगों, जिनके वे प्रतिनिधि थे, के स्थान पर साम्राज्यवादियों, विदेशियों व पराधीनकर्ताओं के प्रतिनिधि एवं उनके हित-साधक के प्रति भक्ति का भाव था।

खरे ने कार्यवाहक राज्यपाल को बताया कि उन्हें कुल 31 विधायकों का समर्थन प्राप्त है, यद्यपि यह बात सही नहीं थी। खरे की कारगुजारियों से उनका आधार समाप्त हो चुका था। कदाचित् अब उन्हें केवल तीन लोगों-स्वयं, हटाए गए मंत्री शरीफ, और गोले, जिन्होंने मंत्रिमण्डल से अपना त्यागपत्र वापस ले लिया था-का ही समर्थन प्राप्त था। यह बात उस समय स्पष्ट भी हो गई, जब 25 मई, 1938 को सरदार वल्लभभाई पटेल की अध्यक्षता में 68 विधायकों ने पंचमढ़ी में, खरे की उपस्थिति और सहमति से कुछ महत्त्वपूर्ण निर्णय लिए।[8] लेकिन खरे ने पंचमढ़ी के निर्णयों को लागू नहीं किया तथा अपनी गद्दी को सुरक्षित करने के उद्देश्य से वे नए राज्यपाल फ्रांसिस तैली के साथ मिलकर षडयंत्र की रणनीति बनाने में जुट गए। राज्यपाल ने उनका साथ दिया। यही कारण था कि खरे ने मंत्रिमण्डल के कुछ साथियों, जो उनके साथ नहीं थे, को पदच्युत कराने की योजना भी बनाई, यदि वे माँगने पर पद-त्याग न करें। लेकिन इसी बीच दो मंत्रियों ने त्यागपत्र दे दिए। ये मंत्री थे गोले व देशमुख। यह कार्य खरे के षडयंत्र का एक भाग था। वास्तव में वे शुक्ल, मिश्र व मेहता को रास्ते से हटाना चाहते थे।

अब राज्यपाल ने षडयंत्र में सम्मिलित होकर खरे की एक नई और विश्वासघाती योजना को कार्यान्वित कराया। इसके अनुसार पहले तो उन्होंने उक्त दोनों मंत्रियों के साथ ही खरे का भी 20 जुलाई, 1938 को त्यागपत्र स्वीकार कर लिया, उपरान्त शुक्ल, मिश्र व मेहता से अगले ही दिन पद छोड़ने को कहा, जिनके मना करने पर उन्हें हटा दिया गया, तथा पुनः उसी दिन राज्यपाल ने खरे को उनके दूसरे मंत्रिमण्डल के साथियों सहित शपथ भी दिला दी।

अब पानी सिर से उतर गया। पानी सिर से उतर जाए, तो क्या बचेगा? लेकिन पूरे प्रकरण में वल्लभभाई के धैर्य को देखिएगा! कहते हैं, सरदार लौह-पुरुष थे। वास्तव में वे दृढ़-इच्छा के प्रतीक थे भी; ऐसे प्रतीक कि उनके जैसा कोई अन्य न था। धैर्य धारण करने में भी वे अद्वितीय थे। यही गुण उनके अन्तिम निर्णय को निर्धारित करने का आधार था। और, उन्होंने जब धैर्य के साथ निर्णय लिया, तो सदैव एक इतिहास की रचना हुई।

कॉंग्रेस संसदीय समिति का राज्यों के मंत्रिमण्डल पर नियंत्रण था, यह बात अन्ततः राज्यपाल और कार्यरत वायसराय को समझ में आई। फिर, एक ओर ब्रिटिश साम्राज्यवादी सरकार भारतीयों को शनैः-शनैः स्वशासन देने की बात कर रही थी, जिसका प्रथम या बढ़ा हुआ कदम '1935 के अधिनियम' के प्रावधानानुसार 1937 में हुए चुनाव थे, तदोपरान्त मंत्रिमण्डलों का गठन था। दूसरी ओर, राज्यपाल का ऐसे प्रधानमंत्री से मिल जाना, जो अपने दल का विश्वास खो रहा हो, बहुमत का समर्थन जिसे न रहा हो। दोनों बातें एक-दूसरे के विपरीत थी। इन बातों को राज्यपाल और अन्यों ने महसूस भी किया।

वर्धा में सुभाष चन्द्र बोस की अध्यक्षता में काँग्रेस कार्यसमिति की बैठक हुई। खरे को उसमें बुलाया गया; उनके कृत्य का भान उन्हें कराया गया, तथा अन्ततः उनसे पद त्यागने को कहा गया। यह कार्य वह तत्काल करे, यह अपेक्षा की गई। रात्रि के दस बजे थे। "राज्यपाल सो गए होंगे", यह कहकर खरे ने हल्की-सी टाल-मटौल की, परन्तु सरदार दृढ़ता से पेश आए और उन्होंने खरे से तुरन्त दूरभाष द्वारा राज्यपाल को पद-त्याग करने की सूचना देने को कहा। खरे को अन्ततः जाना पड़ा। रविशंकर शुक्ल नए प्रधानमंत्री बने। तदोपरान्त खरे के विरुद्ध अनुशासनात्मक कार्यवाही की गई।[9] उन्हें काँग्रेस से भी बाहर होना पड़ा। लेकिन सरदार पटेल की दृढ़ता और अनुशासन के प्रति कठोरता का भान सबको हुआ।

सन्दर्भ:

1. 'नेहरू : दि इयर ऑफ पावर' नामक अपनी पुस्तक, जिसका वर्ष 1960 ईस्वी में, न्यूयार्क, अमरीका से प्रकाशन हुआ, में शीन ने सरदार वल्लभभाई पटेल के सम्बन्ध में ये पंक्तियाँ लिखी हैं।
2. भारतीय राष्ट्रीय काँग्रेस में कार्यसमिति जैसे अग्रिम भाग को जोड़ने में महत्त्वपूर्ण भूमिका का निर्वाह करने वाले, हर स्तर पर अनुशासन और दल के प्रति निष्ठा को सर्वोच्च मानदण्ड के रूप में स्वीकार करने वाले सरदार वल्लभभाई पटेल को 1934 में जब काँग्रेस संसदीय समिति का अध्यक्ष बनाया गया, तो उनके साथ पण्डित मदन मोहन मालवीय, डॉ० मुख्तार अहमद अंसारी, डॉ० राजेन्द्र प्रसाद और मौलाना अबुल कलाम आजाद, समिति के सदस्य नियुक्त हुए। इन्हीं दिनों, जैसा कि इतिहास साक्षी है, ब्रिटिश प्रधानमंत्री मैक्डॉनाल्ड का साम्प्रदायिक आधार वाला निर्वाचन सम्बन्धी निर्णय भी आया, जिसकी काँग्रेस ने निन्दा की थी। इस साम्प्रदायिक निर्णय के कारण पण्डित मालवीय और डॉ० अंसारी में, एक

मुद्दे पर, विवाद उत्पन्न हुआ। मुद्दा यह था कि मालवीय का कहना था कि वर्ष 1934 के अन्त में होने वाले केन्द्रीय विधान सभा के चुनावों हेतु जो घोषणापत्र काँग्रेस की ओर से जारी किया जाए, उसमें भी इस साम्प्रदायिक निर्णय की निन्दा की जाए। इसके विपरीत अंसारी ने मत व्यक्त किया कि काँग्रेस के घोषणापत्र में इस मामले में तटस्थता रखी जाए। इसी कारण, अर्थात मतभेद के चलते, मालवीय ने समिति से अपना त्यागपत्र दे दिया। समिति में इसके बाद अध्यक्ष सरदार वल्लभभाई पटेल के अतिरिक्त तीन सदस्य ही रह गए। 10 मई, 1936 को डॉ० मुख्तार अहमद अंसारी के निधन के बाद दो सदस्य शेष रहे। इस समिति का जुलाई, 1936 ईस्वी में पुनर्गठन किया गया और सरदार पटेल को पुनः इसका प्रमुख बनाया गया। 1945 में काँग्रेस द्वारा गठित केन्द्रीय चुनाव समिति के सरदार पटेल निर्णायक व्यक्ति बने, क्योंकि 25 सितम्बर, 1945 के काँग्रेस चुनाव-समिति के ऐतिहासिक निर्णयानुसारः

"(क) प्रदेश काँग्रेस समिति ने (यदि) किसी निर्वाचन क्षेत्र के लिए अपनी आख्या में एक ही उम्मीदवार के नाम की संस्तुति की हो, और यदि काँग्रेसजनों में उस पर कोई विवाद न हो, तो समिति के प्रस्ताव को स्वीकार करने की शक्ति सरदार पटेल के पास रहेगी; और

"(ख) शेष मामलों में उम्मीदवारों के नाम सरदार पटेल की संस्तुति से ही संसदीय समिति के अन्य सदस्यों के पास उनकी राय हेतु भेजे जाएँगे।"

सरदार ने अपने संसदीय दल के अध्यक्ष के कार्यकाल में अभूतपूर्व निर्णय लेकर प्रान्तों में भी संसदीय समितियों का गठन कर काँग्रेस को बड़ी शक्ति प्रदान की; अनुशासन की दृष्टि से इसे सुदृढ़तम बनाया।

3. वास्तव में के० एफ० नरीमन को एक अन्य जाने-माने पारसी नेता क़ावसजी जहाँगीर के विरुद्ध काँग्रेस ने 1934 के केन्द्रीय विधान सभा के चुनावों में अपना उम्मीदवार बनाया था। लेकिन अचानक अन्तिम समय पर, काँग्रेस दल से एक प्रकार का विश्वासघात करते हुए, नरीमन

ने अपना नामांकन वापस ले लिया। क्यों? मैं इस चर्चा में यहाँ नहीं जाना चाहता, लेकिन इतना मात्र संकेत करना चाहता हूँ कि नरीमन ने दलीय वफादारी के स्थान पर साम्प्रदायिक हित को महत्त्व दिया। ऐसी स्थिति में काँग्रेस ने अन्तिम क्षणों में नरीमन के स्थान पर कन्हैयालाल मणिकलाल मुंशी को अपना उम्मीदवार बनाया, जो चुनाव हार गए। वल्लभभाई को यह सब ज्ञात था और इसीलिए उन्होंने नरीमन को समर्थन न देने का निर्णय लिया, जो वास्तव में दलीय अनुशासन के दृष्टिकोण से महत्त्वपूर्ण तथा ऐतिहासिक था, क्योंकि इससे अनेक जन भविष्य के लिए सचेत हो गए। काँग्रेस में लोगों को भली-भाँति भान हो गया कि अनुशासनहीनता के लिए संगठन में कोई स्थान नहीं है। इससे दलीय सुदृढ़ता को एक आयाम मिला।

4. सरदार वल्लभभाई पटेल की साख और धाक के कारण ही बम्बई विधान सभा के काँग्रेसी विधायकों ने सर्वसम्मति से प्रस्ताव किया कि वे (सरदार) स्वयं उनका नेतृत्व करें, सरकार बनाएँ, जिसे वल्लभभाई ने अमान्य कर दिया। यही नहीं, उन 40 विधायकों, जो नरीमन का समर्थन करने को उत्सुक थे, ने जब यह देखा कि सरदार पटेल की व्यक्तिगत इच्छा नरीमन के पक्ष में नहीं है, तो महाराष्ट्र क्षेत्र के ये सभी 40 विधायक बाल गंगाधर खेर के पक्ष में आ गए, जो सर्वसम्मति से नेता चुने गए थे।

5. जो मुसलमान थे, और एक हरिजन कन्या से बलात्कार के अभियुक्त थे, को रिहा करने का आदेश दे दिया। चारों न्यायालय में दोषी पाए गए। परिणामस्वरूप न्यायालय से उन्हें कारावास का दण्ड मिला, जिसके बाद वे जेल गए। शरीफ ने उन्हें जेल से रिहा करने के आदेश दे दिए। ये आदेश, निश्चित रूप से, पीड़ित के प्रति घोर अन्याय के प्रतीक थे; मानवीयता का उल्लंघन थे।

6. जब खरे को लगा कि शरीफ का मामला उजागर हो गया है, तो उन्होंने, जैसा कि सरदार पटेल को सूचित भी किया गया, राज्य विधानमण्डल दल की बैठक में शरीफ से क्षमा माँगने को कहा; और विधानमण्डल दल ने

उन्हें क्षमा दी भी। उपरान्त उन्होंने मामले के समाप्त हो जाने की घोषणा की।

7. खरे की सूचना से असहमति व्यक्त करते हुए, सरदार वल्लभभाई पटेल ने काँग्रेस कार्यसमिति से अनुरोध किया कि वह कलकत्ता उच्च न्यायालय के सेवानिवृत्त न्यायाधीश मनमथनाथ मुखर्जी से शरीफ द्वारा चार लोगों की मुक्ति के आदेश की जाँच कराए। कार्यसमिति ने सरदार की विनती को स्वीकार किया, जाँच हेतु मुखर्जी को नियुक्त किया, जिन्होंने 7 मई, 1938 को अपनी आख्या में मुहम्मद यूसुफ शरीफ की रिहाई के आदेश को गलत तथा असंवैधानिक ठहराया। न्याय के क्षेत्र में भी इसे उन्होंने अप्रत्याशित घोषित किया।

8. इन निर्णयों के अनुसार, "खरे प्रधानमंत्री बने रहेंगे, लेकिन उनके अधिकार अब सीमित होंगे। उनके विभागों का बँटवारा दूसरे साथियों में होगा तथा वे स्वयं सभी के मध्य एक समन्वयक का कार्य करेंगे।" साथ ही, "शुक्ल, मिश्र और मेहता के त्यागपत्र वापस कर दिए जाएँगे।"

9. खरे ने अपने विरुद्ध की गई कार्यवाही के लिए सरदार पटेल, महात्मा गाँधी तथा काँग्रेस की आलोचना का क्रम जारी रखा था।

◆◆◆

3

संविधान सभा और मंत्रिमण्डल में अम्बेडकर

डॉ० भीमराव रामजी अम्बेडकर, निःसन्देह, अपने समय के एक योग्यतम व्यक्ति थे। उनकी योग्यता का परिचय एक नहीं, अनेक क्षेत्रों में उनके द्वारा किए गए कार्यों से हमें प्राप्त होता है। सदियों से दबे-कुचले, पिछड़े तथा अधिकार-शून्य लोगों के उत्थानार्थ जो आवाज़ उन्होंने उठाई; अधिकारों की प्राप्ति के लिए उनके हृदयों में जो दीप उन्होंने जलाए, उससे आने वाले सैंकड़ों वर्षों तक वे इतिहास के सुनहरे पृष्ठों में बने रहेंगे।

यह कहा जाता है, और इसमें सत्यता भी है, कि डॉ० अम्बेडकर ने राष्ट्रीय मुक्ति-आन्दोलन में भागीदारी नहीं की। इसको भी वास्तविकता मानना होगा कि जब महात्मा गाँधी के नेतृत्व में भारत का राष्ट्रीय मुक्ति-आन्दोलन अपने अन्तिम चरण में था, उस समय डॉ० अम्बेडकर वायसराय-काउन्सिल के सदस्य, अथवा दूसरे शब्दों में, अंग्रेजों की सरकार में एक मंत्री थे। लेकिन सरकार में मंत्री पद को स्वीकारने से भीमराव अम्बेडकर की न तो देशभक्ति में कमी हो जाती है, तथा न ही उनकी राष्ट्रीय सेवाओं का मूल्य कम हो जाता है।

वे स्वाधीनता आन्दोलन में सम्मिलित क्यों नहीं हुए? अथवा, अंग्रेजी सत्ता के अधीन उन्होंने मंत्री पद क्यों स्वीकार किया? इन बातों

पर स्वयं अम्बेडकर ने लिखा है। कोई उनसे इस सम्बन्ध में सहमत हो या न हो, यह उसका अधिकार है। मैं स्वयं इन बातों की चर्चा नहीं करना चाहता, क्योंकि यह मेरे इस समय के विषय-क्षेत्र से बाहर है। मैं, तो भी, यह अवश्य कहूँगा कि उनकी ही भाँति कई अन्य भी, जिन्हें महान देशभक्त, देश-प्रेमी या राष्ट्रवादी माना जाता है, राष्ट्रीय मुक्ति-आन्दोलन में सम्मिलित नहीं हुए। उनमें से कइयों के अंग्रेजों से अच्छे सम्बन्ध रहे थे।

डॉ० भीमराव रामजी अम्बेडकर की योग्यता में कोई कमी न थी। उन्होंने जीवन की वास्तविकता को समझा था। इसीलिए सरदार वल्लभभाई पटेल ने उनके सन्दर्भ में कहा था, "उनमें जितनी योग्यता है, उतनी हममें से बहुत कम लोगों में है। (तथा) जितने कष्ट उन्होंने उठाए हैं, उतने हममें से बहुत कम लोगों ने उठाए हैं।"

2

भारत के संविधान के प्रारूप हेतु बनी समिति के डॉ० भीमराव अम्बेडकर अध्यक्ष थे और इसमें कोई सन्देह नहीं है कि उन्होंने इस हेतु अपने दायित्वों का श्रेष्ठ ढंग से निर्वाह किया। इसी के साथ अम्बेडकर ने संविधान सभा में विभिन्न विषयों पर हुई चर्चाओं में भाग लेकर, और अपने विचार व्यक्त करके, योगदान दिया। इसमें भी कोई सन्देह नहीं कि यदि वे संविधान में न रहे होते, तो सभा एक योग्यतम व्यक्ति की सेवाओं से वंचित रह जाती। लेकिन वे संविधान सभा में आए, अपना अमूल्य योगदान दे सके, और इसके पीछे था ऐतिहासिक निर्णय सरदार वल्लभभाई पटेल का।

सरदार पटेल का जीवन-वृतान्त लिखने वाले राजमोहन गाँधी ने

उल्लेख किया है कि डॉ० अम्बेडकर को संविधान सभा में लाए जाने का सुझाव सर्वप्रथम चक्रवर्ती राजगोपालाचारी ने दिया था, लेकिन 1946 के अन्त में काकासाहेब गाडगील[1] और शंकरराव देव[2] के माध्यम से संविधान सभा में उनका पुनः आगमन सरदार पटेल के कारण ही हुआ।[3] श्री राजमोहन के उल्लेख में सत्यता है, लेकिन यह बात और आगे तक जाती है।

वास्तव में सरदार वल्लभभाई पटेल हर दशा में डॉ० भीमराव अम्बेडकर के संविधान सभा में पुनः प्रवेश, और उनकी योग्यता के माध्यम से संविधान निर्माणार्थ उनकी सेवाओं को सुनिश्चित करना चाहते थे। इसीलिए, जिस दिन अम्बेडकर की संविधान सभा की सदस्यता, भारत के विभाजन और फलस्वरूप पाकिस्तान के लिए अलग संविधान सभा के गठन के प्रस्ताव के कारण, समाप्त हो गई, भारतीय संविधान निर्मात्री सभा के लिए वल्लभभाई ने उसी दिन से महाराष्ट्र के अपने सबसे विश्वसनीय साथी नरहर विष्णु गाडगील और साथ ही शंकरराव देव को अम्बेडकर के सभा में चयन को सुनिश्चित करने के निर्देश दिए। काकासाहेब गाडगील स्वयं अम्बेडकर के बहुत अच्छे मित्र रहे थे; तीसरे दशक के अन्त व चौथे दशक[4] के प्रारम्भ में उन्होंने अछूतों के लिए मंदिर-प्रवेश कार्यक्रम सहित कई दूसरे सामाजिक उद्धार कार्यक्रमों में अम्बेडकर के साथ काम किया था।[5] इसीलिए सरदार पटेल के निर्देश के उपरान्त गाडगील ने अनुकूल वातावरण का निर्माण किया; बारम्बार सरदार पटेल से चर्चाएँ कीं तथा अन्ततः अम्बेडकर संविधान सभा में पहुँचे, और सभा की प्रारूप समिति के अध्यक्ष बने।

गत लगभग 18 वर्षों से काकासाहेब गाडगील की बीस खण्डों वाली चयनित रचनाओं का मैं सम्पादन कर रहा हूँ। इस दौरान उनके सुपुत्र स्व० विट्ठलराव गाडगील से मेरा निरन्तर सम्पर्क रहा और मैंने उनसे काकासाहेब के बारे में लम्बी-लम्बी चर्चाएँ कीं। अपने पिता से जुड़ी अनेक ऐतिहासिक बातें उन्होंने मुझे बताईं, जिनमें यह भी थी कि सरदार पटेल ने काकासाहेब से यह कहा था कि वे हर दशा में अम्बेडकर के संविधान सभा में चयन को पुनः सुनिश्चित करें। विट्ठलराव के शब्दों में, "सरदार ने कई बार दूरभाष पर, और मौखिक रूप से भी, मेरे पिता को अम्बेडकर के प्रतिनिधित्व के बारे में ताकीद की। उन्होंने यह भी कहा कि यदि कोई अम्बेडकर के प्रतिनिधित्व का विरोध करता है, तो वे उसकी कतई चिन्ता न करें। मैं (वल्लभभाई) हर दशा में डॉ० भीमराव अम्बेडकर को पुनः संविधान सभा में देखना चाहता हूँ।"

सरदार वल्लभभाई पटेल का, इस प्रकार, संविधान सभा में डॉ० भीमराव अम्बेडकर को लाने का निर्णय अति महत्त्वपूर्ण तथा ऐतिहासिक था। एक योग्यतम व्यक्तित्व की सेवाओं को प्रयुक्त करने के अतिरिक्त इस निर्णय में उन करोड़ों भारतीयों की भावनाओं का आदर भी था, जो हजारों वर्षों से असमानता के शिकार थे। वल्लभभाई पटेल दलितों, पिछड़ों एवं दबे-कुचलों के प्रति कितना स्नेह रखते थे, उन्हें समान बनाने के लिए वे कितने लालायित थे? उक्त निर्णय से इसकी भी सहज ही पुष्टि हो जाती है। वे समाज के उक्त वर्गों को राष्ट्रीय धारा में जोड़ने तथा उनके उत्थान को अन्यों के समान ही सुनिश्चित बनाने को कितने कटिबद्ध थे? इसका अनुमान भी उनके निर्णय से सहज ही लगाया जा सकता है।

3

डॉ. भीमराव अम्बेडकर स्वतंत्र भारत के प्रथम मंत्रिमण्डल में सम्मिलित हुए, यह भी करोड़ों भारतीयों का आदर था और निश्चित रूप से अम्बेडकर को मंत्रिमण्डल में लाने में भी सरदार की प्रमुख भूमिका रही। इस सम्बन्ध में कोई अभिलेख तो उपलब्ध नहीं है, लेकिन केन्द्रीय मंत्रिमण्डल में सम्मिलित होने के निमंत्रण की प्राप्ति के लगभग पाँच सप्ताह पूर्व, अर्थात 1 जुलाई, 1947 को सरदार के बुलावे पर वे उनके सरकारी आवास 1, औरंगजेब रोड, नई दिल्ली में संध्या के समय चाय पर पधारे थे। सरदार दल और उसके संगठन, तथा सरकार में भी अपने द्वारा किए जाने वाले कार्यों व लिए गए निर्णयों को मौखिक रखते थे। उनका दूरभाष, जिसका बिल वे अपनी जेब से देते थे, और उनको मिलने वाला वेतन अधिक नहीं तो आधा इसी में चला जाता था, इन कार्यों का मुख्य आधार था।

पण्डित जवाहरलाल नेहरू के मंत्रिमण्डल में सम्मिलित होने के उपरान्त अम्बेडकर उसमें बने रहे, वल्लभभाई की यह अन्त तक इच्छा रही। उन्होंने इस हेतु अथक प्रयास भी किया। इस सन्दर्भ में अप्रैल, 1948 में उत्पन्न हुई एक गम्भीर समस्या, जिसमें अम्बेडकर के केन्द्रीय मंत्रिमण्डल से हटने तक की स्थिति बन गई, का उल्लेख करना चाहूँगा, क्योंकि सरदार पटेल ने दृढ़तापूर्वक मामले को सँभाला व अम्बेडकर को लिखाः

"मैं आपको विश्वास दिला सकता हूँ कि हममें से कोई भी यह नहीं चाहता कि आप सरकार छोड़ दें। व्यक्तिगत रूप से मैं ऐसा चाहने वाला अन्तिम व्यक्ति हूँगा। ... आपका सन्देश मुझे मिला है। ...

परेशानी का कोई प्रश्न नहीं है। मैं चाहूँगा कि आप सरकार में बने रहें। मेरा विश्वास है कि कॉंग्रेस के साथ सहयोग करने में आपको परिगणित जातियों के हितों की रक्षा करने का उत्तम साधन प्राप्त होगा। निःसन्देह कभी आपको ऐसा लगे कि कॉंग्रेस उन हितों को हानि पहुँचाने का कार्य कर रही है, तो आप उसका साथ छोड़ सकते हैं।"

वास्तव में उक्त स्थिति 25 अप्रैल, 1948 को लखनऊ में अम्बेडकर द्वारा 'परिगणित जाति-संघ' के सम्मेलन में दिए गए भाषण के कारण उत्पन्न हुई थी। इस भाषण की विस्तृत आख्या 26 अप्रैल, 1948 को 'नेशनल हेरल्ड' में छपी, जिसे पढ़कर प्रधानमंत्री नेहरू अत्यधिक क्रोधित हो गए और उन्होंने मंत्रिमण्डल से डॉ० अम्बेडकर के पृथक हो जाने की बात भी की। इस परिप्रेक्ष्य में उन्होंने अम्बेडकर को 27 अप्रैल को एक कड़ा पत्र लिखा, जिसमें उनसे भाषण के अनेक बिन्दुओं पर स्पष्टीकरण माँगते हुए यह भी लिखा कि उनके साथ कार्य कर पाना सम्भव नहीं होगा।

पण्डित नेहरू ने अम्बेडकर को लिखे पत्र की प्रति सरदार पटेल को भेजते हुए उसी दिन अर्थात 27 अप्रैल को ही, उनसे परामर्श माँगते हुए लिखाः

"...मुझे अनेक कठिन समस्याओं का सामना करना पड़ रहा है। उनमें से एक नई समस्या है-अम्बेडकर द्वारा हाल में लखनऊ में दिए गए भाषण की। आपने समाचारपत्रों में यह भाषण पढ़ा होगा। 26 अप्रैल के 'नेशनल हेरल्ड' में उसकी कुछ अधिक विस्तृत आख्या दी गई है। मैं समझ नहीं पाता कि इस भाषण के उपरान्त अम्बेडकर हमारे मंत्रिमण्डल में मंत्री के रूप में कैसे बने रह सकते हैं? मैं उन्हें

पत्र लिख रहा हूँ और उसकी प्रति साथ भेज रहा हूँ ...।"[6]

सरदार पटेल पर तुरन्त ही इसकी प्रतिक्रिया हुई, यद्यपि वे स्वयं भी अम्बेडकर से स्पष्टीकरण चाहते थे, क्योंकि उन्हें लगता था कि कदाचित् समाचारपत्रों ने उनके भाषण को तोड़-मरोड़कर प्रस्तुत किया है। इसलिए अपने महाराष्ट्रीय हनुमान काकासाहेब गाडगील को उन्होंने वास्तविकता जानने के कार्य में लगा दिया था। अन्ततः वही हुआ, अर्थात अम्बेडकर के भाषण को तोड़-मरोड़कर प्रस्तुत करने की बात सामने आई। गाडगील से हुई अपनी वार्ता और सरदार पटेल को 1 मई, 1948 को लिखे अपने पत्र में डॉ० भीमराव अम्बेडकर ने सच्चाई बताई, और पं० नेहरू को उनके पत्र के उत्तर में भेजे अपने पत्र की प्रति भी सरदार को भेजी, इसमें उन्होंने यह कहाः

"आप देखेंगे कि समाचारपत्रों की सूचनाएँ कितनी विकृत थी? स्वयं अपने लिए कहूँ, तो जो कुछ लखनऊ में मैंने कहा, उसका कोई भी न्यायप्रिय एवं निष्पक्ष व्यक्ति विरोध नहीं कर सकता।"

सरदार पटेल ने स्थिति को सँभाला। डॉ० अम्बेडकर को, जैसा कि पहले ही उल्लेख किया है, उन्होंने सांत्वना दी। कदाचित् उन्होंने प्रधानमंत्री से भी वार्ता की तथा अन्ततः भीमराव अम्बेडकर मंत्रिमण्डल में बने रहे। सरदार पटेल अपने जीवनकाल में डॉ० अम्बेडकर को मंत्रिमण्डल में बनाए रखने को कटिबद्ध थे; यह उनका दृढ़ निर्णय था, जिस पर उन्होंने व्यवहार किया। उनके इस प्रमुख तथा ऐतिहासिक निर्णय में करोड़ोजन को राष्ट्र-निर्माण के कार्यों में साथ लेकर चलने की मजबूत इच्छा समाई हुई थी।

सन्दर्भ :

1. नरहर विष्णु गाडगील, महाराष्ट्र के अग्रणी काँग्रेसी नेता।
2. महाराष्ट्र के अग्रणी काँग्रेसी नेता; काँग्रेस के महासचिव भी रहे।
3. पटेलः एक जीवन, राजमोहन गाँधी, नवजीवन, अहमदाबाद, 1991 पृ० 418
4. बीसवीं शताब्दी के।
5. काकासाहेब गाडगीलः संकलित रचनाएँ, भागः 1, रवीन्द्र कुमार, अट्लैंटिक, नई दिल्ली, 1991
6. डॉ. भीमराव अम्बेडकर को 27 अप्रैल, 1948 को पण्डित नेहरू द्वारा लिखे गए पत्र के लिए देखिएगा परिशिष्ट संख्या एक।

◆◆◆

4

कश्मीर का बचाव

एक सुन्दर, सुडौल, स्वस्थ और आकर्षक राजा रूपी भारत का कश्मीर सदैव मुकुट की भाँति बना रहा है। और, मुकुट भी कोई साधारण नहीं, अपितु कोहिनूर हीरे जैसे अनेक रत्नों से जड़े ताज की तरह। इस कश्मीर रूपी मुकुट का इतिहास बहुत प्राचीन है। अपनी गौरवगाथा के साथ वह ऋग्वेद के काल तक पीछे जाता है। अर्थात, ऋग्वेद में इसका उल्लेख है। इसीलिए कश्मीर के इतिहास को हजारों वर्ष पीछे तक सहज ही ले जाया जा सकता है।

वैदिक सभ्यता, संस्कृति, मूल्यों और परम्पराओं का कश्मीर क्षेत्र महत्त्वपूर्ण केन्द्र रहा है। प्राचीन समय में इसे कश्यपपुर, कश्मीरा और कशीर आदि नामों से जाना जाता रहा है। शिव की पत्नी उमा या पार्वती का सम्बन्ध कश्मीर से होने के पौराणिक प्रमाण हैं। ऋग्वेद में जिस वितस्ता नाम की नदी का वर्णन है, वह वास्तव में वही है जिसे अब झेलम के नाम से जाना जाता है। यही नहीं, इसी नदी के तट पर श्रीनगर के बसे होने के भी प्राचीनकाल से ही प्रमाण हैं। हजारों वर्ष के इतिहास का अध्ययन करने पर हमें भली-भाँति ज्ञात होता है कि कश्मीर क्षेत्र सुन्दर, रमणीय और साथ ही शान्त रहा है; यह व्यवधानों से दूर रहा है।

वैदिक कालोपरान्त कश्मीर बौद्धधर्म-सम्प्रदाय की गतिविधियों का प्रमुख केन्द्र भी रहा। महान सम्राट अशोक ने लगभग पाँच सौ

बौद्ध विहारों की यहाँ स्थापना कराई। सम्राट कनिष्क के शासनकाल में यहीं 'तृतीय बौद्ध परिषद' आयोजित हुई, जिसके माध्यम से महायान विचारधारा की स्थापना हुई। जिस समय हर्षवर्धन के राज्यकाल (625-651 ईस्वी) में चीन के प्रसिद्ध यात्री हुऐन सांग ने कश्मीर घाटी की यात्रा की, उस समय, जैसा कि स्वयं हुऐन सांग ने उल्लेख किया है, यहाँ बौद्ध धर्म-सम्प्रदाय सुखद वातावरण में उन्नति के पथ पर अग्रसर था।

वैदिककाल हो या बौद्ध, अथवा उसके बाद का समय, कश्मीरीजन उच्च संस्कारों वाले, सुन्दर कायाधारक, तीव्र बुद्धि सम्पन्न और ज्ञानार्जन के प्रति भरपूर रुचि रखने वाले रहे। अलबरूनी ने कश्मीर को हिन्दू संस्कारों, विज्ञान और कला का उच्च केन्द्र होना माना; चिकित्सा-विज्ञान, ज्योतिष और खगोलशास्त्र में यहाँ उल्लेखनीय विकास हुआ। अनेक विश्व प्रसिद्ध चिन्तकों और जाने-माने विद्वानों व लेखकों, जैसे कि संकुका, क्षेमेन्द्र, ललूता, भट्ट्ट, कुन्तल और उद्भट; इसी के साथ आनन्दवर्धन, जिन्होंने अपनी सुप्रसिद्ध कृति 'ध्वन्यालोक' में 'ध्वनि' को कविता की आत्मा के रूप में प्रतिपादित करके काव्य-संसार को एक अनोखा व अद्वितीय विचार प्रदान किया, की यही कश्मीर घाटी जन्मभूमि है। इसी प्रकार बिल्हन, मंखा, सोमदेव[1] कल्हण, जोनराजा, श्रीवर, प्रज्ञाभट्ट्ट, शुक, द्रिधबल आदि का जन्म कश्मीर में हुआ; नागार्जुन, अश्वघोष, वसुबन्धु, धर्मत्रैत जैसे व्यक्तित्वों की गतिविधियों की यह घाटी केन्द्र रही। कई मुस्लिम सूफी सन्तों, जैसे कि शेख नूरूद्दीन[2] की कर्मभूमि यही कश्मीर घाटी बनी।

राजनीतिक दृष्टि से भी कश्मीर महत्त्वपूर्ण और साथ ही प्रत्येक

काल में भारत के अन्य भागों के शासकों के लिए आकर्षण का केन्द्र रहा। मुगलों के राज्य-काल में यह जहाँ उनका प्रिय स्थान रहा, वहीं अंग्रेजों की भी इसमें रुचि रही। अंग्रेजों ने ही इसे 1846 ईस्वी में जम्मू क्षेत्र के एक डोगरा राजपूत गुलाब सिंह, जो एक समय 'शेरे पंजाब' व सिक्ख शासक रणजीत सिंह की सेवा में थे, को पचहत्तर लाख रुपए की एक मुश्त राशि में विक्रय कर दिया। गुलाब सिंह ने अपने राज्य का विस्तार करते हुए, इसमें लद्दाख, बालतिस्तान और गिलगित जैसे क्षेत्रों को सम्मिलित किया, और 1857 तक वे यहाँ के शासक रहे। उनके उपरान्त उनके पुत्र रणवीर सिंह शासनारूढ़ हुए व 1885 तक राज्य करते रहे। उन्होंने अपने समय में हुंजा, नागर तथा इश्कुमन[3] को अपने शासन-क्षेत्र का भाग बनाया। रणवीर सिंह के उपरान्त प्रतापसिंह गद्दी पर बैठे और 1925 तक शासनारूढ़ रहे। प्रताप सिंह के भतीजे हरि सिंह अन्तिम डोगरा शासक थे। उनका राज्यकाल 1925 से 1952 के मध्य रहा, अर्थात भारत की स्वाधीनता के समय वही जम्मू-कश्मीर राज्य के शासक थे; उन्हीं के समय राज्य में पेंचीदा या गम्भीर समस्या उत्पन्न हुई तथा जो आज तक नहीं सुलझ पाई है, यद्यपि कश्मीर का जितना भाग भारत के पास है, वह सरदार वल्लभभाई पटेल के द्वारा लिए गए प्रमुख और ऐतिहासिक निर्णय के कारण ही है। काश! सरदार पटेल ने त्वरित गति से, समय पर और वीरतापूर्वक अक्टूबर, 1947 में निर्णय नहीं लिया होता, तो कश्मीर पूर्णतः भारत के हाथ से चला गया होता। इस निर्णय की चर्चा हम करें, उसके पूर्व आइएगा और देखिएगा उन परिस्थितियों को, जो गम्भीर बनकर राज्य ही नहीं, अपितु भारत-संघ के सामने खड़ी हुईं,

और अन्ततः वल्लभभाई के लिए निर्णय लेना अवश्यम्भावी हो गया।

2

जैसा कि मैंने उल्लेख किया है, हरि सिंह 1925 ईस्वी में जम्मू-कश्मीर राज्य के शासक बने। उस समय के उनके शासन की स्थिति कुछ इस प्रकार से थी कि राजनीतिक-प्रशासनिक दृष्टि से प्रारम्भ में उनका संचालन 'पॉलिटिकल डिपार्टमेन्ट' द्वारा चयनित अधिकारियों के माध्यम से होता था। तदोपरान्त उसे एन० गोपालास्वामी आयंगर[4], महाराज सिंह[5] व बी० एन० राव[6] जैसे अपने समय के सुयोग्य और प्रसिद्ध प्रशासक सँभालते थे। इस प्रकार कुल मिलाकर हरि सिंह का शासन अच्छा था; वे स्वयं शासकीय कार्यों में परिश्रम करते थे, उनमें पूरी रुचि लेते थे।

सामाजिक-आर्थिक दृष्टि से राज्य के मुसलमानों, जो कुल जनसंख्या का लगभग 64 प्रतिशत थे, की स्थिति असन्तोषजनक थी। शासकीय कार्यों में उनकी भागीदारी न के बराबर थी; उच्चवर्गीय हिन्दुओं का सत्ता पर अधिकाधिक नियंत्रण था। सामाजिक रूप से हिन्दू निश्चित ही मुसलमानों से बहुत ऊपर थे और आर्थिक दृष्टि से मुसलमान बहुत पिछड़े हुए व दीन थे।

बीसवीं शताब्दी के तृतीय दशक में जम्मू-कश्मीर राज्य में शेख मुहम्मद अब्दुल्ला नामक एक मुस्लिम नेता का उदय हुआ। उन्होंने 'अखिल जम्मू और कश्मीर मुस्लिम कॉंफ्रेंस' नामक संगठन के अन्तर्गत वर्ष 1932 ईस्वी में राजा हरि सिंह के शासन के विरुद्ध राजनीतिक आन्दोलन प्रारम्भ किया। निश्चित रूप से वह आन्दोलन राज्य के मुसलमानों के हितों की पूर्ति के लिए ही छेड़ा गया था।

चूँकि राज्य के मुसलमान, जैसा कि मैंने पहले ही उल्लेख किया है, पिछड़े हुए थे और शासकीय कार्यों में उनकी भागीदारी न के बराबर थी, इसलिए कुशल प्रशासकों और परिश्रमी राजा की उपस्थिति में भी बहुसंख्यक मुसलमानों की दशा अपेक्षाकृत अच्छी नहीं थी।

कहते हैं, और इसमें सत्यता भी है, कि देशकाल की परिस्थितियों में निर्णय लेना सभी के लिए, वें आम हों या खास, अपरिहार्य होता है, यदि सुरक्षित अस्तित्व की कामना हो, एवं साथ ही उन्नति की अभिलाषा हो। यह बात शासक पर और भी अधिक दृढ़ता से लागू होती है। लेकिन महाराजा हरि सिंह के व्यक्तित्व में यह बड़ा भारी दोष था कि वे देशकाल की परिस्थितियों में, उचित, समयानुसार और आवश्यक हो, तो त्वरित निर्णय ले नहीं पाते थे। दूसरे शब्दों में, अनिर्णय का शिकार रहना उनके स्वभाव में था।

वर्ष 1932 के शेख अब्दुल्ला के आन्दोलन के फलस्वरूप जम्मू-कश्मीर में शासन को उदार बनाने की दिशा में कुछ कदम उठाए गए; राज्य के मुसलमानों की प्रशासनिक कार्यों में भागीदारी प्रारम्भ हुई। लगभग सात वर्षों का समय, अर्थात वर्ष 1939 तक उक्त स्थिति में ही, न्यूनाधिक, व्यतीत हुआ। 1939 में शेख अब्दुल्ला की प्रेरणा और उन्हीं के प्रमुख प्रयासों से 'अखिल जम्मू और कश्मीर मुस्लिम काँफ्रेंस' का नाम परिवर्तित करके 'नेशनल काँफ्रेंस' कर दिया गया तथा इसे 'अखिल भारतीय देशी-राज्य प्रजा-परिषद'[7] से सम्बद्ध किया गया। अब भारतीय राष्ट्रीय काँग्रेस से प्रेरणा लेकर जिस प्रकार अन्य राज्यों की जनता, विभिन्न स्थानीय संगठनों के माध्यम से,[8] संघर्ष चला रही थी, उसी प्रकार नेशनल काँफ्रेंस भी समय-समय पर हरि सिंह के शासन के विरुद्ध आन्दोलन करती रही।

यहाँ मैं विशेषरूप से यह उल्लेख करना चाहूँगा कि 'अखिल जम्मू और कश्मीर मुस्लिम कॉंफ्रेंस' के 'नेशनल कॉंफ्रेंस' के रूप में परिवर्तित हो जाने के उपरान्त भी यह संस्था अधिकांशतः या पूर्णतः मुसलमानों तक ही सीमित रही। दूसरे शब्दों में, राज्य के अल्पसंख्यकों, अर्थात गैर-मुसलमानों की सदस्य-संख्या इस संगठन में न के बराबर थी और शेख अब्दुल्ला इससे बहुत हतोत्साहित थे। कदाचित् इसी प्रमुख कारण का उपरान्त शासक के विरुद्ध रही उनकी व्यक्तिगत शत्रुता में महत्त्व रहा, लेकिन इस चर्चा को मैं यहाँ छोड़ना नहीं चाहता।

वैसे 'अखिल जम्मू और कश्मीर मुस्लिम कॉंफ्रेंस' को 'नेशनल कॉंफ्रेंस' के रूप में परिवर्तित करने के निर्णय का वह एक वर्ग[9] विरोध भी कर चुका था, जिसने नाम परिवर्तनोपरान्त 'अखिल जम्मू और कश्मीर मुस्लिम कॉंफ्रेंस' को पुनः जीवित किया। इन दोनों, अर्थात पुनर्जीवित संगठन व 'नेशनल कॉंफ्रेंस' के मध्य समझौता कराने के उद्देश्य से शेख अब्दुल्ला ने 1944 में मुहम्मद अली जिन्ना को कश्मीर आने का निमंत्रण दिया। वे आए और उनके सम्मान में सार्वजनिक रूप से बोलते हुए अब्दुल्ला ने उन्हें भारतीय मुसलमानों का प्रिय नेता बताया। जिन्ना चतुर राजनीतिज्ञ थे। वे भी किसी विशेष अभिलाषा के साथ कश्मीर गए थे। इसलिए समझौता कराना तो एक ओर रहा, उनका अब्दुल्ला से ही तालमेल न बैठ पाया। कारण स्पष्ट था। दोनों अहम से भरे थे। अहम टकरा गए। दोनों के मार्ग प्रारम्भ में ही पृथक-पृथक हो गए।

भारत छोड़ो आन्दोलन (1942) के प्रारम्भ होने की पूर्व संध्या से ही साम्राज्यवादी सरकार ने कॉंग्रेसियों पर शिकंजा कसना प्रारम्भ

कर दिया था। जैसा कि इतिहास साक्षी है, 9 अगस्त का सूर्योदय भी नहीं हुआ था कि महात्मा गाँधी, नेहरू, पटेल आदि सहित सभी नेतागण बन्दी बना लिए गए थे। इन नेताओं के बन्दीकाल में, वर्ष 1944 में, जम्मू-कश्मीर राज्य के आर्थिक, राजनीतिक, सामाजिक तथा सांस्कृतिक पुनरोद्धार की माँग के साथ नेशनल काँफ्रेंस ने वहाँ के शासन को एक विस्तृत ज्ञापन दिया, जिसे नए कश्मीर की योजना के नाम से भी जाना जाता है।

वर्ष 1946 आया। यह समय देश की स्वतंत्रता की ओर बढ़ते कदमों के दृष्टिकोण से अत्यधिक महत्त्वपूर्ण था। वार्ताओं का क्रम जारी था; काँग्रेस के सभी नेतागण मुक्त हो चुके थे। ऐसे में व्यक्तिगत शत्रुता को केन्द्र में रखकर, जैसा कि पहले ही संकेत किया है, शेख अब्दुल्ला ने महाराजा हरि सिंह के विरुद्ध आन्दोलन प्रारम्भ किया। व्यक्तिगत शत्रुता की सीमा यहाँ तक आ गई कि अब्दुल्ला ने आन्दोलन के माध्यम से महाराजा के जम्मू-कश्मीर राज्य को ही छोड़कर चले जाने की माँग की। परिणामस्वरूप महाराजा के शासन ने उन्हें बन्दी बना लिया एवं 3 वर्ष के लिए कारागार भेज दिया।

वास्तव में 1946 में जिस समय उक्त आन्दोलन प्रारम्भ हुआ या किया गया, वह अत्यन्त ही गम्भीर काल था। उस समय संघर्ष छेड़ना अखिल भारतीय देशी-राज्य प्रजा-परिषद, जिसके स्वयं शेख अब्दुल्ला उपाध्यक्ष थे, और नेशनल काँफ्रेंस द्वारा निर्धारित सिद्धान्तों के विरोध में था। जवाहरलाल नेहरू, जो उक्त प्रजा-परिषद के उस समय अध्यक्ष थे, ने भी बाद में अनुभव किया कि शेख अब्दुल्ला का वह कदम उस समय उचित नहीं था। तब भी मैं यह स्वीकारता हूँ कि वे कश्मीरी

जनता के नेता थे; इसमें कोई सन्देह नहीं था। जहाँ तक वे जनशासन की माँग कर रहे थे, उसमें कोई बुरी बात नहीं थी। जनशासन होना ही चाहिए; प्रत्येक को अपने विकास या भाग्य-निर्माण का अवसर प्राप्त होना चाहिए। साथ ही, कोई राजाशाही का विरोध करे, किसी तानाशाही की समाप्ति हेतु संघर्ष करे, तो इसमें भी कोई बुरी बात नहीं; ऐसा करना भी चाहिए। लेकिन कोई व्यक्तिगत शत्रुता को प्राथमिकता देते हुए, उसकी आड़ में जनान्दोलन की बात करे, वह भी गम्भीर समय में, तब वह कदापि न्यायसंगत नहीं हो सकता।

जून, 1947 में जब दो भागों में विभाजन के साथ भारत की स्वाधीनता की घोषणा हुई, उस समय शेख अब्दुल्ला कारागार में थे। सामान्यतः अन्य देशी-राज्यों की ही भाँति जम्मू-कश्मीर को भी, जिसका उस समय कुल क्षेत्रफल 84,471 वर्गमील व जनसंख्या 40,21,616 थी, दो उपनिवेशों-भारत या पाकिस्तान-में से किसी एक के साथ मिल जाना था।

3

अब इतिहास के एक नए और गम्भीर मोड़ पर खड़े भारतवर्ष की निम्नलिखित तीन कारणों से यह इच्छा थी कि जम्मू-कश्मीर राज्य का उसके संघ के साथ विलय हो:

(क) क्षेत्र के सामरिक महत्त्व की दृष्टि से, क्योंकि यह राज्य चीन, सोवियत संघ और अफगानिस्तान के निकट था;

(ख) राज्य के जम्मू क्षेत्र, जहाँ 60 प्रतिशत से अधिक जनसंख्या हिन्दुओं की थी, और लद्दाख क्षेत्र, जहाँ बहुमत बौद्धों का था, का हित तभी सुरक्षित रह सकता था, जब वे भारतीय संघ से जुड़ें; तथा

(ग) धार्मिक दृष्टिकोण से न केवल राज्य ही, अपितु सम्पूर्ण भारत के बहुसंख्यक हिन्दुओं का, वैष्णों देवी मंदिर तथा अमरनाथ-गुफा आदि जैसे स्थानों के प्रति भावनात्मक लगाव था।

उक्त तीन के अतिरिक्त, चौथा अत्यधिक महत्त्वपूर्ण कारण सिन्धु सहित अनेक बड़ी नदियों का इसी राज्य से होकर बहना था। भारत के गृहमंत्री सरदार वल्लभभाई ने उक्त तीन बातों को केन्द्र में रखकर, 3 जुलाई, 1947 को महाराजा हरि सिंह को पत्र लिखा और उनसे भारतीय संघ में राज्य के विलय की अपील की। यही नहीं, उन्होंने इसी दिन राज्य के उस समय के प्रधानमंत्री रामचन्द्र काक को पत्र लिखकर शेख अब्दुल्ला को रिहा करने, उनसे सहयोग लेने एवं राज्य के हित में निर्णय करने की बात भी लिखी।

लेकिन यह दुर्भाग्यपूर्ण था कि समस्त बातों को जानते हुए भी महाराजा हरि सिंह अनजान बने रहे। इसी बात को प्राथमिकता देते रहे कि किसी प्रकार उनका राज्य स्वतंत्र ही बना रहे; उसका भारत या पाकिस्तान-दोनों-में से किसी के साथ भी विलय न हो। यह संभव नहीं था। तत्कालीन भारतीय वायसराय लार्ड माउन्टबेटन के हरि सिंह को राज्य के विलय से सम्बन्धित दिए गए सुझावों, वे जो भी हों, अथवा स्पष्ट शब्दों में भले ही उनका झुकाव पाकिस्तान की ओर रहा हो, को भी अनदेखा करना उनकी उक्त नीति की पुष्टि करता है। अनिश्चित स्थिति के वशीभूत, अनिर्णय के शिकार, महाराजा समय से निर्णय न कर सके; वे वास्तविकता से दूर चले गए, इसीलिए पहला दोष कश्मीर में उत्पन्न समस्या के सन्दर्भ में उन्हीं का था।

मुस्लिम बहुसंख्या की बात करके, और वहाँ के मुसलमानों के

उसके साथ जुड़कर ही सुरक्षित रह पाने का तर्क देकर, पाकिस्तान ने भी जम्मू-कश्मीर के अपने साथ विलय की बात रखी। वैसे सामरिक दृष्टि से, या कुछ और कारणों से भी, पाकिस्तान को कश्मीर की इच्छा हो सकती थी। पाकिस्तान की ओर से महाराजा हरि सिंह को राज्य के विलय का उसके साथ करने का प्रस्ताव भी मिला, जिसे उन्होंने स्वीकार नहीं किया। यह भी एक सच्चाई रही थी कि महाराजा हरि सिंह पाकिस्तान की अपेक्षा भारत की ओर उदार दृष्टि रखते थे। पाकिस्तान, इस कारण, उनसे क्रोधित भी था। और, भले ही कश्मीरी जनता, प्रमुखतः मुसलमान किसी भारत विरोधी संघर्ष में लिप्त न रहे हों, पाकिस्तान राज्य के मुस्लिम बाहुल्य होने की बात को अपने लिए भुनाना चाहता था।

उस समय की जम्मू-कश्मीर राज्य की स्थिति को केन्द्र में रखकर, यदि भारत एवं पाकिस्तान का सैन्य दृष्टिकोण से अवलोकन करें, तो दोनों में भारी अन्तर दिखाई देगा। यही नहीं, भारत की तुलना में पाकिस्तान राजनीतिक व आर्थिक रूप से अत्यधिक दुर्बल प्रतीत होगा। वास्तव में, यदि पाकिस्तान उस समय कश्मीर के लिए भारत से युद्ध करता, तो वह जीत पाने की स्थिति में नहीं था; मुहम्मद अली जिन्ना यह भली-भाँति जानते थे और, जैसा कि पण्डित जवाहरलाल नेहरू ने 27 सितम्बर, 1947 को सरदार पटेल को लिखे अपने पत्र में[10] स्वीकारोक्ति भी की है, जब तक कश्मीर का भारत के साथ विलय न हो, तभी तक पाकिस्तान इसे प्राप्त करने की इच्छा कर सकता था। यदि वहाँ के शासक अपने राज्य के भारतीय संघ में विलय हेतु तैयार हो जाएँ, तब स्थिति एकदम दूसरी हो जाती। जिन्ना

यह भी जानते थे। यही कारण था कि जिन्ना व उनकी सरकार शीघ्र-से-शीघ्र, विशेषकर शरद ऋतु आते ही,[11] महाराजा हरि सिंह के राज्य को बल प्रयोग द्वारा अपने साथ जोड़ने को बेचैन थे।

चूँकि जम्मू-कश्मीर राज्य की जनता भारत विरोधी नहीं थी। अब्दुल्ला के नेतृत्व में उसका संघर्ष महाराजा हरि सिंह के विरुद्ध था, और जैसा कि कहा है, मुस्लिम बहुमत वाले इस राज्य में अब्दुल्ला लोकप्रिय नेता थे, अतः सरदार पटेल, पण्डित नेहरू व अन्य काँग्रेसीजन उनके महत्त्व, भूमिका तथा राज्य के भारत-संघ में विलय हेतु योगदान को अच्छी तरह समझते थे। पण्डित नेहरू ने सरदार पटेल को यह बात भी 27 सितम्बर, 1947 के अपने पत्र में लिखी थी, यद्यपि स्वयं सरदार साहेब ने यही बात 3 जुलाई, 1947 को[12] जम्मू-कश्मीर राज्य के प्रधानमंत्री रामचन्द्र काक को तथा इसी तिथि को स्वयं महाराजा हरि सिंह को लिखे अपने पत्रों में पहले ही स्पष्ट कर दी थी।[13]

सरदार पटेल, पण्डित नेहरू आदि के निरन्तर प्रयासों का ही परिणाम था कि शेख अब्दुल्ला और उनके सहयोगी सितम्बर, 1947 के अन्तिम सप्ताह से जेल से मुक्त होने प्रारम्भ हुए। अपनी मुक्ति से पूर्व शेख अब्दुल्ला ने महाराजा हरि सिंह को कारागार से एक पत्र भेजकर उनके व राजसत्ता के प्रति पूर्ण निष्ठा व्यक्त की। उनके 26 सितम्बर, 1947 के इस पत्र के एक अंशानुसार, “भूतकाल में जो कुछ हुआ है, उसके बाद भी मैं श्रीमान् को यह विश्वास दिलाता हूँ कि मैंने और मेरे दल ने आपके लिए, राजसिंहासन के लिए अथवा आपके वंश के लिए कभी भी अनिष्ठा की भावना नहीं रखी। इस

सुन्दर भूमि का विकास तथा इसके लोगों का कल्याण और उन्नति हम सबका एक समान लक्ष्य और हित है, और मैं श्रीमान् को स्वयं अपनी और अपने दल की ओर से पूर्ण व सच्चे समर्थन का विश्वास दिलाता हूँ। इतना ही नहीं, मैं श्रीमान् को यह विश्वास भी दिलाता हूँ कि राज्य के भीतर अथवा राज्य के बाहर कोई दल या वर्ग यदि हमारे इस लक्ष्य को प्राप्त करने के प्रयत्नों में बाधा उत्पन्न करेगा, तो उसे हम अपना शत्रु समझेंगे और उसके साथ शत्रुतापूर्ण व्यवहार ही करेंगे।"

कारागार से मुक्ति के उपरान्त शेख अब्दुल्ला और कश्मीर के शासन के मध्य बातचीत चली; लेकिन शेख अब्दुल्ला प्रतीत होता है कि कश्मीर के भविष्य के प्रति शुद्धहृदयता नहीं रखते थे। महाराजा के प्रति उनके हृदय में शत्रुता ज्यों-की-त्यों थी; पाकिस्तानी शासकों से उनके सम्पर्क थे, जैसा कि जम्मू-कश्मीर राज्य के तत्कालीन प्रधानमंत्री व दूसरे उच्च पदाधिकारियों ने सरदार पटेल व भारत सरकार को कई बार लिखा भी। यहाँ तक भी सूचित किया गया कि शेख अब्दुल्ला ने "जम्मू, कठुवा और उधमपुर के अतिरिक्त शेष कश्मीर पाकिस्तान को देने का प्रस्ताव किया।"[14] और फिर बाद की घटनाओं से उनके शंकास्पद चरित्र का खुलासा तो हो ही गया था, जो यहाँ चर्चा का विषय नहीं है। लेकिन यह बात निश्चित है कि शेख अब्दुल्ला ने कश्मीर की स्थिति को असामंजस्यपूर्ण बनाने में अपनी भूमिका निभाई। भारत के अतिरिक्त पाकिस्तान को भी उन्होंने अँधेरे में रखा, जिसके पीछे उनका स्पष्ट उद्देश्य पहले स्वयं सत्ता पाना था, और उपरान्त उनकी इच्छा थी कि उनके वंशज ही उस पर राज्य करते रहें।

4

उक्त असामंजस्यपूर्ण स्थिति के चलते, महाराजा के अनिर्णय और समय की आवश्यकता के अनुसार कदम न उठाने का लाभ लेते हुए,[15] सितम्बर के दूसरे पखवाड़े से ही पाकिस्तान ने उत्तर-पश्चिमी सीमा-प्रान्त के हजारों, दीवान शिवशरण लाल[16] के अनुसार लाखों,[17] कबायलियों को उकसाकर कश्मीर पर अधिकार करने के लिए भेजना प्रारम्भ कर दिया। ऐसा करने के पीछे पाकिस्तान की सरकार ने तर्क यह दिया कि "जम्मू-कश्मीर राज्य में मुसलमानों की स्थिति दयनीय है, शासक इस सन्दर्भ में कोई चर्चा नहीं करना चाहते हैं, और उनकी शह पर ही पुंछ, मीरपुर व जम्मू सीमा के निकट मुसलमानों की हत्याएँ हो रही हैं। मुसलमानों के संरक्षणार्थ ही कदाचित् कबायली वहाँ जा रहे हैं, यद्यपि उनकी सरकार[18] का इससे कुछ लेना-देना नहीं है।" लेकिन स्थिति तो दूसरी ही थी, पाकिस्तान कबायलियों को सशस्त्र भेजकर, तदोपरान्त अपनी सेना के उनके साथ सहयोग से कश्मीर को पाना चाहता था। यहाँ एक बात अवश्य थी, और वह यह कि नेशनल काँफ्रेंस खुले रूप से पाकिस्तान सरकार, कबायलियों या दूसरे-पाकिस्तानियों का पक्ष लेते दृष्टिगोचर नहीं होती थी, भले ही भीतरी स्थिति जो भी हो।

अक्टूबर, 1947 में कबायलियों की संख्या और अधिक तीव्रता से बढ़ने लगी, साथ ही उनके स्थानीय लोगों पर तीव्रता से आक्रमण भी होने लगे। 22 अक्टूबर, 1947 को तो स्थिति ऐसी बन गई कि कबायली आक्रमणकारी श्रीनगर में घुसने के गम्भीर प्रयास करने लगे। वे, इसी के साथ, गिलगित सहित राज्य का एक बड़ा भाग हथियाने

में सफल हो गए। ऐसे में निराश महाराजा हरि सिंह ने, जिनकी सेना बिखरी हुई व अस्त-व्यस्त थी और वह आक्रमणकारियों का प्रतिकार करने में सक्षम न थी, भारतीय संघ से जम्मू-कश्मीर राज्य की रक्षा की गुहार की। उन्होंने साथ ही, जैसा कि आवश्यक था, अन्य देशी-राज्यों की ही भाँति प्रतिरक्षा, विदेशी विषय व संचार-व्यवस्था के साथ भारत से अपने राज्य के विलय का प्रस्ताव किया। तत्कालीन भारतीय गवर्नर-जनरल लार्ड माउन्टबेटन को इस आशय का 26 अक्टूबर, 1947 को पत्र लिखा।[19]

विलय के प्रस्तावोपरान्त भारत सरकार ने जम्मू-कश्मीर राज्य के प्रति अपने उत्तरदायित्व को अनुभव किया; विलय से सम्बन्धित प्रस्ताव को स्वीकार किया और आक्रमणकारियों, जिनके पीछे पाकिस्तान व उसकी सेना थी, से निपटने के लिए सशस्त्र बल वहाँ भेजने का निर्णय लिया। लार्ड माउन्टबेटन और कुछ अन्य अंग्रेज अधिकारियों ने भारतीय सेना को कश्मीर भेजे जाने के प्रति चेतावनी दी थी; इसके गम्भीर परिणाम होंगे, ऐसा तर्क उन्होंने रखा था। लेकिन भारत ने पड़ोसी उपनिवेश की दुर्भावना व बलपूर्वक अन्याय को थोपने की इच्छा का त्वरित गति से विरोध किया; सैन्य कार्यवाही की, जो सफल हुई और राज्य का अधिकांश भाग बचा लिया गया। जो अधिकांश भाग बचा वह सरदार वल्लभभाई पटेल की दृढ़ व त्वरित निर्णय-क्षमता के कारण ही बच सका। श्रीनगर व कश्मीर के अन्य भागों में सेना भेजने का जो निर्णय लिया गया,[20] उसमें सरदार पटेल की ही भूमिका निर्णायक थी। बख्शी गुलाम मुहम्मद ने, जो कश्मीर में सेना भेजे जाने के निर्णय हेतु दिल्ली में हुई बैठक में स्वयं उपस्थित थे, समस्त घटनाक्रम पर प्रकाश डालते हुए लिखा है:

"सभा (बैठक) के सभापति लार्ड माउन्टबेटन थे। (उसमें) पण्डित जी (नेहरू), सरदार पटेल, सरदार बलदेव सिंह (तत्कालीन रक्षा मंत्री), प्रमुख सेनापति जनरल बुशर, थलसेना के अध्यक्ष जनरल रसेल और मैं (स्वयं) उपस्थित थे। हमारे मध्य राज्य की सैनिक स्थिति और तीव्र गति से वहाँ सैनिक सहायता भेजने के सम्बन्ध, सम्भावना और पद्धति के विषय में चर्चा हो रही थी। जनरल बुशर ने जोर देकर यह कहा कि उनके पास इतनी कम युद्ध-सामग्री है, जिससे राज्य की सैनिक सहायता सम्भव नहीं होगी। लार्ड माउन्टबेटन ने जान-बूझकर इस कदम के विषय में अविश्वास प्रकट किया।[21] पण्डितजी ने उत्कृष्ट अधीरता तथा गहरी चिन्ता व्यक्त की। सरदार (पटेल) सुनते रहे; एक शब्द भी नहीं बोले। वे शान्त-सन्तुलन और समता की जीवन्तमूर्ति बने रहे। सभा में निराशा और लाचारी का जो गम्भीर वातावरण फैल गया था, उसके समक्ष सरदार का मौन अद्भुत विपर्यास प्रस्तुत करता था। एकाएक सरदार अपनी कुर्सी पर हिले और तुरन्त ही उनकी कठोर एवं दृढ़ आवाज़ ने सबका ध्यानाकर्षित किया। उन्होंने कहा, "सेनापतियों, सुन लीजिए! साधन-सामग्री हो या साधन-सामग्री न हो, परन्तु किसी भी मूल्य पर कश्मीर की रक्षा करनी होगी, भले ही उसका कुछ भी परिणाम हो। आपको यह कार्य करना ही होगा और सरकार आपको समस्त सहायता देगी। यह कार्य होना ही चाहिए, होना ही चाहिए और होना ही चाहिए। आप लोग जो भी करना चाहें, करें, परन्तु हर दशा में करें।" ...सेनापति आतंकित दिखाई दिए। मेरे भीतर आशा की किरण प्रस्फुटित हुई। सेनापति आपत्ति उठाना चाहते होंगे, परन्तु सरदार चुपचाप उठे और बोले, "कल प्रातःकाल में सैनिकों और

युद्ध-सामग्री को विमानों से ले जाने की व्यवस्था तैयार रहेगी...।" इस प्रकार भारी कठिनाइयों के बीच कश्मीर की रक्षा सरदार पटेल की निर्णायक शक्ति और दृढ़-संकल्प का ही परिणाम थी।"

यह था सरदार पटेल का त्वरित गति से कश्मीर के सम्बन्ध में उस समय लिया गया अद्वितीय व ऐतिहासिक निर्णय। अपने निर्णय को व्यावहारिक रूप में परिणत करने के उद्देश्य से सरदार वल्लभभाई पटेल स्वयं सैनिकों के साथ कश्मीर के श्रीनगर हवाई अड्डे पर भी गए;[22] ऐसा कोई दूसरा उदाहरण, कि जिसमें उनके किसी समकालीन राष्ट्रीय नेता ने इतनी हिम्मत दिखाई हो, भी इतिहास में उनसे पूर्व का नहीं मिलता है।

सन्दर्भ :

1. कथासरिता-सागर के रचनाकार।
2. धार्मिक व सामाजिक सहनशीलता का सन्देश देने वाले, जिनके स्थान 'चरारे-शरीफ' को मई, 1955 में आतंकवादियों के एक वर्ग ने नष्ट कर दिया था।
3. चीन के सिक्यांग क्षेत्र से सटा हुआ।
4. जम्मू-कश्मीर राज्य के उस समय प्रधानमंत्री, तदोपरान्त पण्डित जवाहरलाल नेहरू के नेतृत्व में भारत सरकार में 1947 एवं 1953 के मध्य में वरिष्ठ मंत्री।
5. वरिष्ठ नागरिक-सेवक, जिन्होंने 20वीं शताब्दी के तीसरे व चौथे दशक में जम्मू-कश्मीर राज्य की प्रशासनिक व्यवस्था हेतु श्रेष्ठ व.।र्य किया।
6. आयंगर व महाराज सिंह के साथ ही महाराजा हरि सिंह के शासनकाल में कश्मीर के योग्यतम प्रशासक थे।
7. वैसे तो देशी-राज्य प्रजा-परिषद का गठन एक पृथक संस्था के नाते ही किया गया था, लेकिन प्रायः उसे सदैव भारतीय राष्ट्रीय काँग्रेस का ही

एक भाग या अंग माना जाता था। इसके दो स्पष्ट कारण भी थे। प्रथम कारण, और इस संस्था का प्रमुख प्रेरणास्रोत भी, यह कि 1938 के हरिपुरा काँग्रेस अधिवेशन में यह विधिवत घोषणा की गई, "वह (काँग्रेस) देशी-राज्यों में भी उसी राजनीतिक, सामाजिक और आर्थिक स्वतंत्रता की पक्षधर है, जिसकी शेष भारत में; और देशी-राज्यों को वह भारत का अभिन्न अंग स्वीकार करती है।" तात्पर्य स्पष्ट था। साम्राज्यवादी शासन से मुक्ति के साथ ही देशी-राजाओं, दूसरे शब्दों में तानाशाही से जनता को मुक्त कराना और सम्पूर्ण भारत की जनता को समान रूप से एकता के सूत्र में लाना उद्‌देश्य व ध्येय रखा गया। दूसरी बात यह थी कि देशी-राज्य प्रजा-परिषद् का मार्गदर्शन काँग्रेस के प्रमुख नेता स्वयं करते थे, जब-जब भी देशी-राज्यों के प्रशासनतंत्रों को लोकतांत्रिक बनाने के उद्‌देश्य से प्रजा-परिषद संघर्ष छेड़ती थीं, काँग्रेसजन, विशेष रूप से सरदार वल्लभभाई पटेल उन्हें मार्गदर्शन देते थे; उनकी हर संभव सहायता करते थे, और कराते भी थे।

8. जैसे कि काठियावाड़ राजकीय परिषद, भावनगर प्रजा-परिषद, बड़ौदा-राज्य प्रजा-मण्डल आदि। स्वयं सरदार वल्लभभाई पटेल इन तीनों जन-संस्थाओं के अध्यक्ष भी रहे थे।
9. गुलाम अब्बास के नेतृत्व वाला यह वर्ग अपरिवर्तन के पक्ष में था और मुसलमानों तक ही इसे सीमित रखने की बात करता था।
10. पत्र के विस्तार के लिए देखिएगा परिशिष्ट संख्या दो।
11. वह इसलिए, क्योंकि शरद ऋतु में भारत से कश्मीर का सम्पर्क बहुत कम अथवा न के बराबर रह जाता था। ऐसे में कोई सैनिक या दूसरी सहायता का भारत से कश्मीर पहुँचना असम्भव या अत्यधिक कठिन था।
12. रामचन्द्र काक को अपने पत्र में सरदार पटेल ने लिखा था, "क्या आप अभी भी यह मानते हैं कि शेख अब्दुल्ला को कारागार में बन्द रहना चाहिए? यह प्रश्न मैं कश्मीर के शुद्ध हित में आपसे पूछ रहा हूँ...।"
13. महाराजा हरि सिंह को अपने पत्र में सरदार ने लिखा, "...शेख अब्दुल्ला

की दीर्घकालीन नजरबन्दी ने आपके राज्य का हित चाहने वाले अनेक काँग्रेसियों में बड़ा असन्तोष उत्पन्न कर दिया है।"

14. जम्मू-कश्मीर राज्य के तत्कालीन प्रधानमंत्री मेहरचन्द महाजन द्वारा 24 दिसम्बर, 1947 को सरदार वल्लभभाई पटेल को लिखे पत्र से उद्धृत। इस पत्र में महाजन ने यह उल्लेख भी किया, "वे (अब्दुल्ला) मुस्लिम काँफ्रेंस के नेता गुलाम अब्बास, जो कारागार में हैं, का सक्रिय समर्थन प्राप्त करने का प्रयत्न कर रहे हैं और उनके साथ बराबर भेंट कर रहे हैं।"

15. इस समय तक महाराजा हरि सिंह राज्य से सम्बन्धित विभिन्न समस्याओं पर भारत सरकार से पत्र व्यवहार कर रहे थे, जिसे यद्यपि पाकिस्तान की सरकार जम्मू-कश्मीर के भारतीय संघ में विलय का संकेत मानकर चल रही थी, लेकिन हरि सिंह ने अभी कोई निर्णय इस सम्बन्ध में नहीं लिया था।

16. जो उत्तर-पश्चिमी सीमा-प्रान्त के डेरा ईस्माइल खाँ के उन दिनों में उपायुक्त रहे थे; और जिन्होंने 6 अक्टूबर, 1947 को नेहरू से अपनी भेंट में कश्मीर में कबायलियों द्वारा उत्पन्न की जाने वाली गम्भीर चुनौती की चेतावनी दी थी।

17. अपनी 6 अक्टूबर, 1947 की नेहरू के साथ भेंट के एक दिन पूर्व दीवान शिवशरण लाल ने उनके सचिव वी० एच० कोएलहों को बताया था,

"लगभग एक पखवाड़े पहले मलकंद से सियालकोट के लिए पाकिस्तान ने कश्मीर की सीमा पर सशस्त्र कबायलियों को भेजने की योजना प्रारम्भ कर दी थी। लगभग पाँच लाख कबायली भेजे जा चुके हैं तथा अभी और भी बड़ी संख्या में उन्हें भेजा जा रहा है। कबायलियों को पाकिस्तान सरकार द्वारा सैनिक व नागरिक-वाहनों द्वारा भेजा गया है। इन क्षेत्रों के गैर-मुसलमानों से हथियारों को जब्त कर, और छीनकर, कबायलियों को दिया जा रहा है। सीमा प्रान्त के शस्त्र निर्माणकर्ता कारखानों में

अधिकाधिक सम्भव शस्त्रों व गोला-बारूद को उत्पन्न किया जा रहा है। साथ ही, दीर, स्वात और चित्राल के राज्य भी उत्तर-पश्चिम से कश्मीर पर आक्रमण की तैयारी कर रहे हैं। स्वात के वली को कश्मीर सौंपने का वचन दिया गया है। तीसरे, सीमा-प्रान्त में प्रचण्ड प्रचार किया जा रहा है" और चौथे, जैसा कि शिवचरण लाल ने आगे आशंका व्यक्त की, "कबायली आपसी संघर्ष का शिकार भी हो सकते हैं...।"

18. पाकिस्तान के तत्कालीन प्रधानमंत्री लियाकत अली खान के एक वक्तव्य के अनुसार।
19. पत्र के विस्तार के लिए देखिएगा परिशिष्ट संख्या तीन।
20. दिल्ली में राजनीतिक स्तर पर।
21. इस घटना से भी माउन्टबेटन के कश्मीर के प्रश्न पर पाकिस्तान के प्रति झुकाव के संकेत मिलते हैं।
22. सरदार पटेल के व्यक्तिगत सहायक मूलशंकर भट्ट द्वारा लेखक को दिए गए घटना के विवरणानुसार।

◆◆◆

5

भारतीय प्रशासनिक एवं पुलिस सेवाओं का गठन

सरदार वल्लभभाई पटेल के प्रमुख एवं ऐतिहासिक निर्णयों में से एक, जो उन्हें लम्बे समय तक स्मरणीय बनाए रखेगा, उनके द्वारा दो सेवाओं-भारतीय प्रशासनिक सेवा एवं भारतीय पुलिस सेवा-का गठन करने में था। ये दोनों ही सेवाएँ पूर्ववर्ती इन्डियन सिविल सर्विस तथा इन्डियन पुलिस का स्थान लेने के लिए खड़ी की गई थीं और विशेष उल्लेखनीय बात, इस सन्दर्भ में, यह रही थी कि सरदार पटेल ने प्रान्तीय सरकारों से घोर विचार-विमर्श करके, इनके सन्दर्भ में उनके द्वारा उठाई गई समस्त आपत्तियों तथा शंकाओं का निराकरण करते हुए व उनकी सर्वसम्मति लेकर ही अन्तिम निर्णय लिया था। इन सेवाओं में भर्ती, सेवाकर्ताओं के लिए रखी जाने वाली शर्तों और उनमें अनुशासन आदि का नियमन भारत सरकार तथा उसके द्वारा गठित संघ लोक सेवा आयोग द्वारा किए जाने की व्यवस्था की गई।

सरदार पटेल ने उक्त सेवाओं के गठन का निर्णय बहुत शीघ्र, परन्तु सोच-समझकर लिया था और वर्ष 1947 से ही भर्तियाँ भी प्रारम्भ हो गई थीं। ऐसा उन्होंने तत्काल ही क्यों किया? यह प्रश्न महत्वपूर्ण रहा था। आइए! उन परिस्थितियों को देखें, जिनके चलते सरदार पटेल ने यह निर्णय लिया।

वास्तव में स्वाधीनता से पूर्व केन्द्र सरकार के अधीन और प्रान्तों के प्रशासनिक और पुलिस विभागों में जिन वरिष्ठ अधिकारियों की नियुक्ति की जाती थी, उनमें भारत-मंत्री की सेवाओं, जिनका पूर्व में उल्लेख किया है अर्थात 'इन्डियन सिविल सर्विस' तथा 'इन्डियन पुलिस' के अधिकारी रखे जाते थे। लेकिन द्वितीय विश्व युद्ध के समय इन सेवाओं में नए लोगों की भर्ती रोक दी गई थी, जिसका कारण 1945 में इंग्लैण्ड में गठित श्रमिक दल की सरकार का भारत को स्वतंत्र करने का वचन था। अब नई भर्ती हो नहीं रही थीं और वरिष्ठ अधिकारी सेवानिवृत्त हो रहे थे, ऐसे में पदों की रिक्तता बढ़ती जा रही थी। स्वाधीनता के वर्ष में इनमें और बढ़ोत्तरी हुई; यूरोपीय अधिकारियों ने अपने देश को वापस जाने का मार्ग भी चुना, इसलिए एक गम्भीर समस्या उत्पन्न हो गई।

इसी के साथ, एक दूसरी समस्या यह भी थी कि जो अंग्रेज अधिकारी भारत में अपनी सेवाओं को जारी रखना भी चाहते थे, वे दो प्रत्याभूतियाँ चाहते थे। पहली यह कि वे अपने को पूर्व में दिए गए इस अधिकार की, कि एक निश्चित अवधि के बाद वे सवेतन छुट्टी लेकर इंग्लैण्ड वापस जा सकते थे, को बनाए रखना चाहते थे। दूसरे वे भारत में रहें, तो अपनी ब्रिटिश नागरिकता के साथ रहें; भारत सरकार यह भी सुनिश्चित करे, उनकी यह माँग थी। सरदार वल्लभभाई पटेल इन दोनों ही शर्तों को मानने के पक्ष में नहीं थे। ये शर्तें मानने की लार्ड माउन्टबेटन की इस सन्दर्भ में राय को भी उन्होंने स्वीकार नहीं किया। ऐसा न करने के पीछे निश्चित रूप से स्वतंत्र भारत का प्रशासन स्वदेशी बनाने की उनकी भावना थी। इसका परिणाम यद्यपि

तुरन्त यही हुआ कि अनेक और अधिकारी इंग्लैण्ड चले गए, परन्तु इससे प्रशासन के देशीकरण का शीघ्र-से-शीघ्र ताना-बाना भी बुना जा सका।

प्रशासन का देशीकरण तुरन्त आवश्यक क्यों था? सरदार पटेल ने गम्भीर परिस्थितियों में, अर्थात जब अधिकारियों की और अधिक आवश्यकता थी, ब्रिटिश अधिकारियों की माँगों को, माउन्टबेटन के परामर्शोंपरान्त भी क्यों नहीं माना? यह जानना कदाचित् आज की पीढ़ी के लिए आवश्यक है, इसलिए मैं यहाँ इसे स्पष्ट करने का इच्छुक हूँ।

भारत स्वतंत्र हुआ। शासन की बागडोर उन लोगों ने सँभाली, जिन्होंने लम्बे समय तक अंग्रेज अधिकारियों व शासकों से स्वाधीनता के लिए संघर्ष किया था। संघर्षकर्ताओं ने अंग्रेज अधिकारियों की ओर से अनेक प्रकार की यातनाएँ सहीं थीं; वे उनके अधीन दीर्घकाल तक कारागारों में रहे थे। अब स्थिति, जैसा कि स्वाभाविक था, दूसरी ही हो गई। देश की स्वाधीनता के लिए संघर्ष करने वाले शासक बन गए, और अंग्रेज अधिकारी उनके आदेशों का पालन करने वाले। यह स्थिति तनिक पेंचीदा हो गई। वे अधिकारी, जो दमनात्मक कार्यवाहियाँ करते थे, कैसे आमजन, जो प्रजातंत्रात्मक व्यवस्था का, दूसरे शब्दों में सरकार व शासन का, आधार हो गया, के साथ तालमेल बैठा सकेंगे? यह विचारणीय विषय बन गया। सरदार वल्लभभाई पटेल पर ही समस्या के समाधान का उत्तरदायित्व था।

सरदार पटेल चाहते थे, और इस हेतु उन्होंने भरसक प्रयत्न भी किया, कि अधिकारी अनुशासन में रहकर, बिना किसी दबाव के और

कार्यों में बिना किसी अनुचित हस्तक्षेप के, सरकार एवं जनता के मध्य कड़ी का कार्य करें, इसलिए प्रशासनिक सेवाओं में जो भारतीय सदस्य थे, उनसे वल्लभभाई ने अपनी सेवाएँ यथावत् देते रहने की अपेक्षा की। ऐसे लोगों के प्रति, क्योंकि वे भारतीय थे, सभी प्रकार की शंकाएँ त्यागने की वल्लभभाई ने सभी जन-प्रतिनिधियों, संविधान सभा के सदस्यों और सरकार में बैठे लोगों से आशा की। सभी उन पर भरोसा रखें, यह सरदार पटेल ने उन्हें सन्देश दिया। ऐसे भारतीय अधिकारियों से भी उन्होंने कहा, "भयभीत न हों। आपकी सेवाओं व सेवा हेतु आपको दिए गए आश्वासनों पर कोई विपरीत प्रभाव नहीं पड़ेगा।"

अब चुनौती से भरा कार्य यह था कि रिक्त पड़े स्थानों, और आवश्यकता के अनुसार सृजित नए पदों पर, नियुक्ति कैसे हो? क्योंकि विश्वविद्यालयों से जो नए स्नातक निकलकर आ रहे थे, उन्हें तत्काल महत्वपूर्ण प्रशासनिक व पुलिस के पदों पर बैठाना तो सम्भव नहीं था। ऐसे नौजवानों के लिए एक अवधि के प्रशिक्षण की आवश्यकता थी; उन्हें क्रमानुसार ही पदों पर नियुक्त किया जा सकता था। ऐसे में सरदार पटेल ने नवगठित दोनों सेवाओं के अन्तर्गत ही खाली भर्ती को प्रारम्भ कराया। इसके अन्तर्गत अधिक आयु के योग्य लोगों से भी पर्याप्त मात्रा में प्रार्थना पत्र माँगे गए; प्रार्थना-पत्र मिले, नियुक्तियाँ की गईं, और 15 दिसम्बर, 1950 के दिन तक, अर्थात सरदार वल्लभभाई पटेल के देहावसान तक ठीक ढंग से समस्त अत्यावश्यक सेवाएँ जारी रहीं, वह भी भारतीयकरण की भावना, जो पटेल की अभिलाषा थी, को ध्यान में रखते हुए।

इस प्रकार राष्ट्रीय संकट के समय, गम्भीर परिस्थितियों में, साम्राज्यवादियों से अनेक बलिदान करने के उपरान्त प्राप्त स्वाधीनता को स्थाई व सुदृढ़ बनाने का असाधारण कार्य सरदार भारतीय प्रशासनिक तथा भारतीय पुलिस सेवा का गठन करके कर सके। कर्तव्य-भावना से ओत-प्रोत भारतीय प्रशासन तथा आन्तरिक सुरक्षा के लिए इन सेवाओं के माध्यम से अपनी योग्यता का प्रदर्शन कर सके। यही सरदार पटेल की इस सन्दर्भ में लिए गए निर्णय के पीछे भावना रही थी। विन्सटन चर्चिल,[1] एमरी[2] और लिनलिथगो[3] जैसे अंग्रेज शासकों को विश्वास था कि उनके बिना भारतीयजन शासन-संचालन नहीं कर सकेंगे; कदाचित् उनकी सत्ता भारत पर सदा के लिए बनी रहेगी। सरदार पटेल के उक्त प्रमुख तथा ऐतिहासिक निर्णय ने उन्हें मात दी, उनके स्वप्न धाराशायी कर दिए।

सन्दर्भ:

1. द्वितीय विश्व युद्ध के समय ब्रिटिश प्रधानमंत्री तथा कंसर्वेटिव दल के नेता।
2. विन्सटन चर्चिल के समय भारतीय विषयों के ब्रिटिश मंत्री।
3. उक्त समय में भारत के वायसराय।

◆◆◆

6

सोमनाथ मंदिर का निर्माण

'शिव' हजारों वर्ष से भारतीयों, दूसरे शब्दों में वैदिकजन, जिन्हें वर्तमान में सामान्यतः हिन्दू कहा जाता है, के आराध्य रहे हैं। प्राचीनतम वैदिक ग्रंथ 'ऋग्वेद' में शिव तैंतीस देवताओं में से एक, लेकिन प्रमुख हैं; वहाँ इन्हें 'पशुपति' माना गया है। यही नहीं, यजुर्वेद तथा अथर्ववेद में भी इनका 'रुद्र' व 'ईश्वर' रूप में उल्लेख है। यदि और व्यावहारिक स्थिति में जाने की इच्छा हो, तो सिन्धु घाटी की सभ्यता के काल का इस सन्दर्भ में विश्लेषण किया जा सकता है, जहाँ खुदाई में 'आद्य शिव', 'शिव पशुपति' आदि की मूर्तियाँ प्राप्त हुई हैं। इससे स्पष्ट है कि साहित्य में ही नहीं, वास्तव में ही शिव हजारों वर्ष से भारतीयों की आराधना का केन्द्र रहे हैं।[1]

एक प्रमुख हिन्दू धर्म-ग्रन्थ शिवपुराण में बारह ज्योतिर्लिंगों का वर्णन है। सौराष्ट्र या वर्तमान में काठियावाड़ में 'सोमनाथ', श्रीशैल पर 'मल्लिकार्जुन', उज्जयिनी में 'श्रीमहाकाल', 'ओंकारेश्वर', केदारखण्ड में 'केदारनाथ', डाकिनी में 'भीमशंकर', काशी में 'विश्वनाथ', गोदावरी तट पर 'त्र्यम्बकेश्वर' तथा चिताभूमि में 'वैद्यनाथ', दारूकवन में 'श्रीनागेश्वर', सेतुबंध्द में 'श्रीरामेश्वर' एवं 'घुश्मेश्वर', इस प्रकार ये बारह ज्योतिर्लिंग शिव की महिमा के प्रमुख स्थान हैं।[2] लेकिन 'सोमनाथ' के ज्योतिर्लिंग का उक्त वर्णित समस्त बारह लिंगों में प्रमुख स्थान रहा है।

वर्तमान गुजरात के काठियावाड़ में सोमनाथ के ज्योतिर्लिंग की स्थापना पंचम/षष्ठ शताब्दी में वल्लभी वंश के शासकों द्वारा कराए जाने का अनुमान है। यही समय भारत में गुप्तकाल, जिसे वैदिक-हिन्दुओं का स्वर्ण युग कहा जाता है, का भी है। वल्लभी वंश का गुप्त राजाओं से सम्बन्ध रहा है। लगभग तीन सौ वर्ष तक इस वंश का गुजरात में शासन रहा। इस वंश का संस्थापक[3] सूर्यवंशी था और वह शैव भी था।

सोमनाथ समुद्रतट पर स्थित देवालय (मंदिर) में प्रतिष्ठित था, जो हिन्दुओं द्वारा मूर्ति के रूप में पूजा जाता था। अनेक अवसरों, विशेषकर ग्रहण पड़ने पर सोमनाथ के देवालय में बहुत बड़े पैमाने पर पूजा होती थी; उत्सव मनाया जाता था।[4] इसमें भारत के समस्त भागों से लाखोंजन के अतिरिक्त विदेशों से भी बड़ी संख्या में श्रद्धालु भाग लेते थे, वे पूजा-अर्चना व उत्सव में सम्मिलित होते थे।

वल्लभी वंश द्वारा निर्मित कराया गया मंदिर अत्यन्त ही भव्य था। यह 56 स्तम्भों पर टिका था और प्रत्येक स्तम्भ भरपूरतः मणियों व रत्नों से जड़ित थे; उनका निर्माण बहुमूल्य पाषाणों से किया गया था। यद्यपि मंदिर में भरपूर चढ़ावा आता था और उसके कोषागार में अथाह धन था, स्वर्ण सहित बहुमूल्य रत्न भरे पड़े थे; इतने अधिक कि अनेक राजा-महाराजाओं के पास भी इतने रत्न न होंगे, लेकिन इसी के साथ, मंदिर के पास लगभग एक हजार ग्राम भी थे।

2

धन-सम्पदा से परिपूर्ण और वैभव में अग्रणी सोमनाथ मंदिर ने निकटवर्ती विदेशियों का ध्यानाकर्षित किया। इसी का परिणाम था कि अनेक बार भारत में लूट-पाट करने के उद्देश्य से, और साथ ही

हिन्दुओं की धार्मिक भावनाओं पर चोट करने के उद्द्देश्य से भी, आक्रमणकर्ता गजनी के सुलतान महमूद ने 1024 ईस्वी में सोमनाथ मंदिर पर धावा बोला। वह वहाँ से अथाह सम्पदा को ले गया और वहाँ स्थापित मूर्ति को भी उसके द्वारा तोड़ा गया, यद्यपि मंदिर का पूर्णतः विध्वंस उसने नहीं किया। महमूद गजनवी के सोमनाथ पर आक्रमण तथा फिर उसके कृत्य के सन्दर्भ में, उसके साथ आए अलबरूनी ने अपनी पुस्तक 'तवारिखे-हिन्द' में उल्लेख करते हुए कहा है:

"मूर्ति को शाह महमूद ने 416 हिजरी में तोड़ा, खुदा उस पर रहम करे। उसने मूर्ति के ऊपरी भाग को चूर-चूर कर डाला और नीचे के भाग को उसके श्रृंगार, आभूषण और वस्त्रों सहित ले जाने का[5] आदेश दिया...।"

लेकिन, जैसा कि मैंने कहा है, पूरे मंदिर का महमूद ने विध्वंस नहीं किया, अपितु उसके उस सूबेदार ने, जिसे वह पीछे छोड़ गया था, मंदिर को उजाड़ दिया। महमूद के उपरान्त भी यह मंदिर अनेक बार पुनर्स्थापित हुआ और कई बार इसका विध्वंस किया गया। आक्रान्ता इसकी अपार धन-सम्पदा को लूटने को आतुर रहे, तथा साथ ही लोगों को ऐसा करके आतंकित करने व उनकी भावनाओं को ठेस पहुँचाना भी उनका उद्द्देश्य रहा। प्रमुखतः पाँच बार[6] सोमनाथ मंदिर का जीर्णोद्धार हुआ।

एक अर्थ में सोमनाथ मंदिर का बारम्बार विध्वंस भारत की राष्ट्रीय भावनाओं के साथ खिलवाड़ था; भारत के लोगों को उनकी स्वाधीनता और उनके विश्वास के सन्दर्भ में दी गई चुनौती थी। यही कारण था कि जब सरदार वल्लभभाई पटेल ने 13 नवम्बर, 1947 को

भारत सरकार के तत्कालीन निर्माण मंत्री श्री एन० वी० गाडगील और जामनगर के जामसाहेब के साथ काठियावाड़ का दौरा किया और सोमनाथ मंदिर के अवशेष देखे, तो उनका हृदय विदीर्ण हो गया। सरदार वल्लभभाई पटेल जानते थे, और जैसा कि स्वाधीनता के द्वार पर भारत के पहुँचने पर उन्होंने सार्वजनिक रूप से कहा भी था, "भारतीयों को अपनी विभाजित स्थिति और एक होकर आक्रान्ताओं व आततायिओं का सामना न करने के कारण एक के बाद दूसरी पराजय का मुँह देखना पड़ा था। सोमनाथ मंदिर की प्रतिष्ठा को धक्का लगना, उसकी पवित्रता का भंग होना, अन्ततः राष्ट्रीय सम्मान को ठेस पहुँचाना, वास्तव में, भारतीयों में, या स्पष्टतः कहूँ, तो बहुसंख्यक समाज में एकता का अभाव, उनमें सामाजिक स्तर पर भेद, कलह, कट्टरता और साथ ही धर्मान्धता का होना रहा था।"

राष्ट्रीय एकता के निर्माण को कटिबद्ध सरदार वल्लभभाई पटेल ने उसी दिन, अर्थात जब गाडगील और जामसाहेब के साथ उन्होंने मंदिर के अवशेषों को देखा, संकल्प के साथ सोमनाथ मंदिर के पुनर्निर्माण का ऐतिहासिक निर्णय लिया। इस ऐतिहासिक निर्णय में वल्लभभाई का दृष्टिकोण स्पष्ट था। एक तो सोमनाथ मंदिर के निर्माण के माध्यम से वे राष्ट्रीय एकता का परिचय देना चाहते थे; वे इसी के साथ-साथ भारतवासियों को उनकी अतीत की फूट और एकता के अभाव में उठाई गई हानि तथा विभाजित समाज से हुई उनकी दुर्दशा का भान कराना चाहते थे। मंदिर पूरे देश के सहयोग से बने, बिना सरकारी सहायता के ही उसका निर्माण हो, ताकि भारत का धर्मनिरपेक्ष स्वरूप ज्यों-का-त्यों रहे व किसी एक धर्म-सम्प्रदाय

विशेष का सरकार की ओर पक्ष लेने की कोई बात न सामने आए, और ऐसा करते हुए देशवासी एकता का परिचय दें, ताकि सुदृढ़ भारत के पुनर्निर्माण की नींव रखी जा सके, वल्लभभाई यह सन्देश भी इसके माध्यम से देना चाहते थे।

तो भी सोमनाथ मंदिर का निर्माण सरकार के सहयोग से (आर्थिक को छोड़कर) हो, सरदार पटेल यह भी चाहते थे और उनकी इस इच्छा के पीछे भी यही भावना थी कि राष्ट्रीय एकता के लिए किए गए संकल्प में जनता की सरकार एक ओर मुँह करके ही न बैठ जाए, अपितु वह जनता के साथ खड़ी रहे।

सरदार पटेल के निर्णय का देशभर में स्वागत हुआ। उन्होंने अपने निर्णयानुसार कार्य हाथ में लिया। आठ लोगों के साथ सोमनाथ ट्रस्ट बनाया गया[7] तथा सौराष्ट्र के राजप्रमुख उक्त ट्रस्ट के अध्यक्ष बनाए गए।[8] सरदार पटेल ने भारत सरकार की ओर से ट्रस्ट में मनोनीत किए जाने वाले दो सदस्यों में से एक एन० वी० गाडगील को नियुक्त किया।[9]

ट्रस्ट के गठन के पहले ही सरदार पटेल के अनुरोध पर सोमनाथ मंदिर के निर्माणार्थ देश-भर से धन देने के, आम व खास सभी से, प्रस्ताव आए। इसी सन्दर्भ में जामनगर के शासक की ओर से तुरन्त एक लाख रुपए का प्रस्ताव आया।[10] इसी प्रकार बिरला सहित अनेक औद्योगिक घरानों, सार्वजनिक संस्थाओं और प्रतिष्ठानों व अन्य लोगों ने धन देने की पेशकश की। कई शिल्पकारों, जिनमें उस समय के प्रसिद्ध शिल्पकार वी० सी० मेहता भी थे, ने मंदिर निर्माणार्थ अपनी सेवाएँ देने का प्रस्ताव किया।[11]

सभी के सहयोग के साथ और भारत के पुरातत्त्व विभाग की सक्रिय सहायता, जिसमें मूल प्राचीन मंदिर का अन्वेषण और स्थान की खोज हेतु उत्खनन कार्य प्रमुख रूप से सम्मिलित था, से कार्य निरन्तर आगे बढ़ा। सरदार पटेल के साथ राष्ट्रपति राजेन्द्र प्रसाद 1950 में शिलान्यास के लिए स्थान पर पधारे।[12] तदोपरान्त वल्लभभाई का निधन हो गया, लेकिन कार्य 1951 में पूर्ण हुआ; वल्लभभाई के निर्णय व उसके फलस्वरूप प्रारम्भ हुए कार्य को पूर्ण किया गया।[13] निःसन्देह यह कार्य राष्ट्रीय कार्य था, एकता के प्रदर्शन की संपुष्टि थी और इसमें किसी प्रकार के साम्प्रदायिक चश्में को लगाकर देखने की लेशमात्र भी सम्भावना नहीं है।

सन्दर्भ:

1. जब मैं शिव को भारतीयों की आराधना का केन्द्र कहता हूँ, तो ऐसा करते समय, वास्तव में, मैं उन्हें वैदिकजन के अतिरिक्त अन्यों, भारत-भूमि पर विशेष रूप से जैन-सम्प्रदाय के अनुयायियों तक से जोड़ता हूँ। मैंने जैसा कि अपने पूर्व में लिखे कुछ लेखों, पुस्तकों में उल्लेख किया है, हिन्दुओं के शिव और जैनियों के प्रथम तीर्थंकर ऋषभदेव अथवा आदिनाथ एक ही हैं।
2. शिव पुराण के एक श्लोकानुसारः
   "सौराष्ट्रे सोमनाथ च श्रीशैले मल्लिकार्जुनम्।
   उज्जयिन्यां महाकालं ओंकारे परमेश्वरम्।।
   केदारं हिमवत्पृष्ठे त्र्यम्बकं गोमती तटे।
   वैद्यनाथं चिताभूमौ नागेशं दारूकावने।।
   सेतुबन्धे च रामेशं घुश्मेशं च शिवालये।
   द्वादशैतानि नामानि प्रातरूत्थाय यः पठेत्।।"
3. भट्टारक, जिसके स्कन्दगुप्त के सेनापति होने का उल्लेख हुआ है।

4. जिसमें सैकड़ों नर्तकियाँ भाग लेती थीं। वाद्य-वादक अपनी कला का प्रदर्शन करते थे।

5. गजनी को।

6. अमृतलाल पण्डया ने सोमनाथ मंदिर के विध्वंस और जीर्णोद्धार के विषय में विवरण देते हुए जो लिखा है, वह निम्न प्रकार से है:

विध्वंस	जीर्णोद्धार
महमूद गजनवी द्वारा (1024 ई० में)	भीमदेव प्रथम द्वारा (सन 1026 ई० में) और तदोपरान्त कुमारपाल द्वारा (सन 1196 ई० में)
अलफखान द्वारा (1297 ई० में)	
अहमद द्वारा (1314 ई० में)	
शम्स खान द्वारा (1318 ई० में)	महिपाल द्वारा (सन 1325 ई० में)
मुजफ्फर खान-द्वितीय द्वारा (1394 ई० में)	
तातार खान द्वारा (1520 ई० में)	
मुगलकाल में (1706 ई० में)	अहिल्याबाई होल्कर द्वारा (सन 1765 ई० में)

तदोपरान्त सरदार पटेल के संकल्पानुसार मूल स्थान पर सोमनाथ मंदिर का जीर्णोद्धार प्रारम्भ हुआ, जो वर्ष 1951 में पूर्ण हुआ। भारत के तत्कालीन राष्ट्रपति डा० राजेन्द्र प्रसाद की उपस्थिति में 11 मई, 1951 ईस्वी को मंदिर में पुनः मूर्ति प्रतिष्ठापित हुई।

7. ट्रस्ट के आठ लोगों की सूची इस प्रकार थी:

राजप्रमुख, सौराष्ट्र (अध्यक्ष); वे सौराष्ट्र सरकार के दो मनोनीत सदस्यों में से भी एक थे;

साँवलदास गाँधी, सौराष्ट्र सरकार के दूसरे प्रतिनिधि;

एन० वी० गाडगील, भारत के निर्माण मंत्री और सरकार की ओर से मनोनीत होने वाले दो सदस्यों में से एक;

राजकोट के तत्कालीन मण्डलायुक्त, भारत सरकार के दूसरे प्रतिनिधि;

कन्हैयालाल माणिकलाल मुंशी, जनता के प्रतिनिधि के रूप में सदस्य; व ब्रिज मोहन बिरला, जनता के दूसरे प्रतिनिधि;

इसके अतिरिक्त दो स्थानों को दानकर्ताओं के द्वारा भरे जाने की व्यवस्था की गई थी।

8. महाराज दिग्विजय सिंह।

9. एन०वी० गाडगील को 18 अक्टूबर, 1949 को लिखे अपने पत्र में सरदार पटेल ने उनसे अनुरोध किया था कि वे सोमनाथ ट्रस्ट में भारत सरकार के एक प्रतिनिधि के रूप में सम्मिलित हो जाएँ। पत्र के एक अंशानुसार, "...आपके विभाग के महत्त्व के दृष्टिकोण से, तथा आपके द्वारा ली गई रुचि को ध्यान में रखते हुए, मैं यह अनुभव करता हूँ कि दिल्ली से आप ही सर्वोत्तम प्रतिनिधि रहेंगे...।" एन० वी० गाडगील ने सरदार पटेल के अनुरोध को शिरोधार्य किया और अगले ही दिन, अर्थात 19 अक्टूबर, 1949 को वल्लभभाई को अपनी सहमति भेजते हुए लिखा, "...सोमनाथ ट्रस्ट के साथ सम्बद्ध होकर मैं गौरवान्वित अनुभव करता हूँ। आपके मनोनयन को मैं स्वीकार करता हूँ तथा व्यक्तिगत रूप में, और विभाग के प्रमुख के रूप में भी, अपने कर्तव्यों को भली-भाँति निर्वाह करने का पूर्ण प्रयास करूँगा।" (सिलेक्टिड वर्क्स ऑफ एन० वी० गाडगील, खण्ड : 5, पृष्ठ संख्या 173)।

10. (टाइम्स ऑफ इण्डिया, 14/15 नवम्बर, 1947)।

11. (सिलेक्टिड वर्क्स ऑफ एन०वी० गाडगील, खण्ड : 4)।

12. अनेक लोगों के परामर्श की परवाह न करते हुए, राष्ट्रपति डॉ० राजेन्द्र

प्रसाद, सरदार पटेल के निमंत्रण व अनुरोध पर सोमनाथ मंदिर के शिलान्यास हेतु पधारे थे।

13. जब मई, 1951 में राजेन्द्र बाबू की उपस्थिति में सोमनाथ मंदिर में मूर्ति की पुनर्स्थापना हुई; मंदिर का जीर्णोद्धार हुआ, तो कुछ उन लोगों, जो सरदार पटेल के जीवन में, उनके द्वारा प्रारम्भ किए जा रहे कार्य को महान बताते न थकते थे, ने कार्यक्रम में जाने से आनाकानी की। विशेषरूप से उत्तर प्रदेश के तत्कालीन मुख्यमंत्री गोविन्द बल्लभ पन्त, जिन्हें सरदार ने कई बार गम्भीर राजनीतिक स्थिति से उबारा था, को जब कार्यक्रम के लिए आमंत्रित किया गया, तो वे स्पष्ट बहाना बनाकर किनारा कर गए।

◆◆◆

7

हैदराबाद में सैन्य कार्यवाही

यूरोप के प्रमुख देश और साथ ही क्षेत्रफल में एक बड़े राष्ट्र फ्रांस के बराबर की भूमि वाले, तेलुगु, मराठी और कन्नड़ भाषियों के निवास-स्थान और लगभग एक करोड़ साठ लाख की जनसंख्या के राज्य हैदराबाद के भारत-संघ में विलय के सन्दर्भ में सरदार वल्लभभाई पटेल को अत्यधिक संघर्ष करने के साथ ही धैर्य का परिचय भी देना पड़ा था। लेकिन अन्ततः प्रमुख एवं ऐतिहासिक निर्णय लेकर और वहाँ सैन्य कार्यवाही करके सरदार पटेल ने एक तरह से दक्षिणी भारत को ही देश का अविभाज्य अंग बनाया। उनका यह निर्णय देशवासियों को उनके प्रति हजारों वर्ष तक ऋणी रखेगा, क्योंकि यदि किसी दशा में भारत के इस सबसे बड़े देशी-राज्य का भारतीय संघ में विलय न हो पाता, तो लगभग सारे दक्षिण ही की भारत से कट जाने की सम्भावना बनी रहती; भारत किसी भी स्थिति में सुदृढ़ राष्ट्र नहीं बन पाता, और आज जिस प्रकार एकता के फलस्वरूप वह महाशक्ति बनने की ओर अग्रसर है, कदाचित् इस कार्य में वह पीछे रह जाता। लेकिन नहीं, हैदराबाद भारत में मिला और निजाम उस्मान अली खान को, जिन्होंने पाकिस्तान की सहायता से, राज्य का विषय संयुक्त राष्ट्रसंघ में भी प्रस्तुत कर दिया था, अपना कदम वापस लेना पड़ा।

सरदार पटेल ने हैदराबाद में सेना भेजने का अति-महत्त्वपूर्ण

तथा ऐतिहासिक निर्णय बहुत जटिल और कठिन परिस्थितियों में लिया, लेकिन जब उन्होंने निर्णय ले लिया, तो 'विजयश्री' शीघ्र ही आ गई। उन्होंने विषम व कठिन परिस्थितियों में जो निर्णय लिया, हैदराबाद में सैन्य कार्यवाही करके उसे संघ का भाग बनाया, उसको जानने से पूर्व अच्छा होगा, साथ ही आवश्यक भी होगा, यदि हम उन विषम परिस्थितियों का भी विश्लेषण करें।

2

दिल्ली के पतनोन्मुख मुगल शासन के दौरान बादशाह फर्रुखसियर से 1713 ईस्वी में 'निजाम-उल-मुल्क' की उपाधि को प्राप्त और शासन के दक्षिण में सूबेदार मीर कमरूद्दीन ने अट्ठारहवीं शताब्दी के पूर्वार्ध में हैदराबाद राज्य की स्थापना की थी। चूँकि बाद में मुगल शासक मुहम्मद शाह ने उसे 'आसिफ शाह' की उपाधि प्रदान की, इसलिए हैदराबाद का यह वंश 'आसिफ शाही' कहलाता है। सन् 1724 ईस्वी में हैदराबाद ने दिल्ली साम्राज्य से अपनी पृथकता की घोषणा की और अधिकांशतः स्वतंत्र रहते हुए दिल्ली शासन के अधीन यह नाममात्र को ही रहा। अट्ठारहवीं शताब्दी में अंग्रेजों के बढ़ते हुए वर्चस्व तथा प्रभुत्व के कारण 1766 में तत्कालीन निजाम, निजाम अली, ने अंग्रेजों का संरक्षण प्राप्त किया। जिस समय भारत स्वतंत्र हुआ और हैदराबाद राज्य के भारतीय संघ में विलय का प्रकरण सामने आया, उस समय के निजाम उस्मान अली खान सातवें निजाम थे। वे 29 अगस्त, 1911 को शासनारूढ़ हुए थे, और अंग्रेजों ने वर्ष 1918 में उन्हें 'हिज इग्ज़ॉल्डिट हाइनस्' की वंशानुगत उपाधि प्रदान की थी।

हैदराबाद के निजाम के वंश में चतुराई और व्यावहारिकता बहुत रही; विपरीत इसके इस वंश के लोग वीरता में बहुत पीछे रहे। चतुराई और बातों के खेल से व दण्ड-भेद की नीति से ही हैदराबाद का विशाल राज्य खड़ा हुआ; युद्ध के बिना ऐसा हुआ। इसका अर्थ यह नहीं कि हैदराबाद के शासकों को युद्ध नहीं करने पड़े। उन्होंने निःसन्देह युद्ध किए, लेकिन ऐसा कोई युद्ध उन्होंने जीता नहीं, जो उल्लेखनीय रहा हो। अधिकांश युद्धों में यद्यपि हैदराबाद राज्य की पराजय ही हुई, तो भी राज्य टिका रहा; बातों, चतुराइयों और वाकपटुता के बल पर पराजयोपरान्त भी, निजाम सदैव अपना कार्य निकालने में सफल रहे। यहाँ तक कि अंग्रेजों के शासन में हैदराबाद भारत का सबसे बड़ा राज्य बना रहा।[1] इसके पीछे कारण यह भी था कि इस राज्य के गुप्तचर निकटवर्ती राज्य में गहराई तक घुसे हुए थे। पल-पल की सूचना पाकर[2] वे अपनी आख्याएँ हैदराबाद भेजते रहते थे।

जैसा कि इतिहास साक्षी है, भारत में सम्पूर्ण सत्ता की स्थापना करने के लिए अंग्रेजों ने पुर्तगालियों, फ्रांसीसियों और हालैंडवासियों से संघर्ष किया। तब जाकर कहीं वे विजयी हुए और उन्होंने हैदराबाद में अपना रेंजिडंट नियुक्त किया। अंग्रेजों से निजाम ने मित्रता की और परिणामस्वरूप उनसे बहुत कुछ पाया, यद्यपि अधिकांश देशी-राज्यों ने तो अपना बहुत कुछ खोया ही। और, जैसा मैंने उल्लेख किया है, पीढ़ी-दर-पीढ़ी अंग्रेजों से 'हिज इग्ज़ॉल्टिड हाइनस्' की उपाधि प्राप्त की और साथ ही 'द फेथफुल ऐलि ऑफ ब्रिटिश इम्पाइअर्' की पदवी को भी पाया। कुल मिलाकर अंग्रेजों के दिनों में हैदराबाद अपनी

स्थिति को बनाए रख सका; शासकों को न के बराबर ही कठिनाई हुई।

3

हैदराबाद राज्य में 85 प्रतिशत जनता हिन्दू थी और लगभग 15 प्रतिशत मुस्लिम। हिन्दू जनता में, जैसा कि पहले ही संकेत किया है, तेलुगु, मराठी और कन्नडभाषी सम्मिलित थे। जनता में भाषा-भेद के आधार पर विभाजन की नीति को अपनाते हुए, निजाम हैदराबाद ने अपनी सत्ता को सुदृढ़ किया। वैसे हिन्दुओं का एक वर्ग, जैसा कि स्वाभाविक था, निजाम के भी प्रति सहानुभूति रखता था। इस वर्ग में व्यापारियों के अतिरिक्त अनेक सुविधाभोगी लोग सम्मिलित रहे थे। निजाम अपनी नीति के अन्तर्गत हैदराबाद को अधिकाधिक मुस्लिम स्वरूप देने में निरन्तर कार्यरत थे, जिसका स्पष्ट कारण था राज्य को अपने पक्ष में रखना; दूसरे शब्दों में, उस पर अपनी सत्ता को बनाए रखना था। इस नीति का सबसे बड़ा प्रमाण था सरकारी नौकरियों-प्रशासनिक सेवाओं, पुलिस तथा सेना आदि सहित-पर मुसलमानों का एकाधिकार था। दूसरा प्रमाण, 1946 के घोषित सुधारों के अन्तर्गत जिस विधान सभा की हैदराबाद राज्य में रचना की गई थी, उसके 132 स्थानों में से 76 का चुनाव होता था। इनमें हिन्दुओं और मुसलमानों-दोनों-को 38-38 स्थान दिए गए थे। अर्थात, 85 प्रतिशत जनता को शेष 15 प्रतिशत के बराबर रखा गया था। तीसरे, मजलिस-ए-इत्तेहाद-उल-मुसलमीन नामक संगठन, जो 1926 में स्थापित हुआ, और जिसके नेता कासिम रिजवी की गतिविधियों व कार्यवाहियों, जो स्वतंत्रता के उपरान्त राज्य के विलय के समय उन्होंने की, को सम्पूर्ण देश जानता है, के दो प्रमुख उद्द्देश्य थे:

(क) निजाम के समर्थन में मुसलमानों को एकताबद्ध करना; तथा
(ख) हिन्दू बहुमत को राज्य में कम करना।

इसके अतिरिक्त निजाम अपनी सत्ता को बनाए रखने के उद्देश्य से जनता में राजनीतिक जागृति के विरोधी थे। भारत के अन्य भागों के लोगों से हैदराबाद राज्य के निवासियों का कम-से-कम सम्भव सम्पर्क हो,[3] इसके लिए भी अन्तिम निजाम व उनसे पूर्व के शासकों ने पूर्ण प्रयास किए। कदाचित् वर्तमान पीढ़ी को यह जानकर आश्चर्य होगा कि हैदराबाद में जन-जागृति के अभाव और राज्य की जनता के शेष भारत के लोगों से न्यूनतम सम्पर्क के कारण ही पूरे राष्ट्रीय आन्दोलन के अपने काल में महात्मा गाँधी केवल दो बार ही हैदराबाद पहुँचे, वह भी एक-दो दिन के लिए, जबकि समस्त भारत का अनेक बार उन्होंने भ्रमण किया था; लम्बे-लम्बे प्रवास उन्होंने किए।

लोकमान्य बाल गंगाधर तिलक, जो महात्मा गाँधी से पूर्व, भारत के सबसे बड़े जननेता थे, के 'गणेश-पूजा' एवं 'शिवाजी-महोत्सव' कार्यक्रमों का अवश्य ही महाराष्ट्र के निकटवर्ती क्षेत्रों की हैदराबादी जनता पर कुछ प्रभाव पड़ा था। इससे जनता में जागृति आई थी। वैसे भी तिलक बीसवीं शताब्दी के एकदम प्रारम्भ में हैदराबाद राज्य में काफी घूमे थे, जिससे जनता में राजनीतिक जागृति को बढ़ावा मिला था।

जहाँ तक काँग्रेस संस्था का प्रश्न था, वर्ष 1938 में, अर्थात बहुत देर से हैदराबाद राज्य काँग्रेस कमेटी की स्थापना हुई, लेकिन तुरन्त ही वहाँ के तत्कालीन प्रधानमंत्री अबकर हैदरी ने उस पर

प्रतिबंध लगा दिया था। हिन्दू महासभा ने भी अपने कुछ कार्यक्रम, विशेषकर सत्याग्रह को, राज्य में प्रारम्भ किया, लेकिन वह भी कोई विशेष जोर नहीं पकड़ सका। हाँ, आर्य समाज ने बहुसंख्यक सम्प्रदाय के हितों के रक्षार्थ जो सत्याग्रह चलाया, वह बहुत ही प्रभावशाली और जन-जागरण करने वाला सिद्ध हुआ; सरकार को इसने बड़ी कठिनाई में डाला। इसी आन्दोलन के कारण हैदराबाद राज्य, वहाँ की स्थिति तथा जनता की ओर शेष भारत का ध्यानाकर्षित हुआ। हजारोंजन इस समय कारागार गए, निजाम को सत्याग्रहियों को बन्दी बनाकर रखने के लिए अनेक नए-नए कारागार खोलने पड़े थे।

4

तीन जून, 1947 की ब्रिटिश घोषणा के अनुसार 15 अगस्त, 1947 को भारत के दो उपनिवेशों-भारत और पाकिस्तान-में विभाजन के साथ, स्वतंत्र होने की बात की गई।[4] इस घोषणा की कुछ अन्य देशी-राज्यों के शासकों की ही भाँति, हैदराबाद के निजाम पर भी प्रतिक्रिया हुई और उन्होंने तुरन्त यह घोषणा की कि हैदराबाद राज्य भारत अथवा पाकिस्तान-दोनों-की ही संविधान सभा में अपने प्रतिनिधि नहीं भेजेगा, और वह 15 अगस्त, 1947 को सर्वसत्ता सम्पन्न राष्ट्र हो जाएगा।

भले ही भारत के विभाजन की घोषणा से सम्बन्धित कुछ बातें बहुत स्पष्ट नहीं रही हों, लेकिन भारतीय स्वाधीनता अधिनियम की धारा 7 निश्चित रूप से निजाम उस्मान अली की इच्छा की पूर्ति में बाधक थी। फिर भारत का सबसे बड़ा राज्य, जो देश की भावी एकता व अखण्डता का आधार था, भारतीय संघ में न मिले, यह राष्ट्रीय

एकता के लिए प्रतिबद्धता लिए और इस हेतु दिन-रात एक किए हुए सरदार वल्लभभाई पटेल के लिए असहनीय बात थी। वे हैदराबाद का किसी भी स्थिति में भारत में विलय चाहते थे; निजाम स्वयं ऐसा करें, तो बहुत श्रेष्ठ, नहीं करें, तो वे इस बात का निर्णय वहाँ की जनता से कराने तक को भी तैयार थे, जैसा कि 24 अगस्त, 1947 को उन्होंने माउन्टबेटन को लिखे अपने पत्र में उल्लेख भी किया।[5] यही नहीं, इसके पूर्व हैदराबाद राज्य काँग्रेस की स्थायी परिषद भी, 1946 के घोषित[6] सुधारों को अस्वीकार करते समय, इसी प्रकार का प्रस्ताव कर चुकी थी,[7] जिसकी स्वयं काँग्रेस कार्य समिति ने पुष्टि की।[8]

3 जून, 1947 की उक्त वर्णित घोषणा के उपरान्त, जैसा कि इतिहास भी साक्षी है, भारत की तत्कालीन सरकार में देशी-राज्यों से सम्बन्धित एक पृथक विभाग की स्थापना की गई थी।[9] यह विभाग भी गृहमंत्री वल्लभभाई पटेल को सौंपा गया था। सरदार पटेल यह चाहते थे कि हैदराबाद सहित सभी देशी-राज्य स्वतंत्रता दिवस, अर्थात 15 अगस्त, 1947 से पूर्व ही, अथवा उस दिन तक भारतीय संघ के साथ जुड़ जाएँ; उनके प्रतिनिधि भारत के संविधान का निर्माण करने वाली सभा में सम्मिलित हो जाएँ। इसी परिप्रेक्ष्य में सरदार पटेल ने देशी-राज्यों के विभाग का कार्यभार सँभालने वाले दिन ही एक वक्तव्य, जो महत्त्वपूर्ण के साथ ही ऐतिहासिक रहा, जारी किया। इस वक्तव्य में छोटे-बड़े सात अंश थे, जो सहयोग, सामान्य हित और मित्रतामय सम्बन्धों के साथ देशी-राज्यों के संघ में विलय का श्रेष्ठ आह्वान करने वाले थे; परन्तु उनमें भूतकाल की भूलों से सबक लेते हुए, देश

की एकता और अखण्डता का सरदार पटेल का दृढ़ता के साथ देशी-राज्यों के शासकों को परामर्श भी था। उन शासकों, जो विपरीत दिशा में सोच रहे थे, या कार्य कर रहे थे, को वल्लभभाई ने अपने वक्तव्य में चेतावनी भी दी। अन्त में उन्होंने स्पष्टतः कहाः

"हम भारत के इतिहास में आज एक महत्वपूर्ण पड़ाव पर खड़े हैं। अपने समान और संयुक्त प्रयासों से हम अपने देश को एक नई महत्ता प्रदान कर सकते हैं, जबकि हमारी एकता का अभाव हमें नए संकटों का शिकार बना देगा। ....भारत के देशी-राज्य यह बात ध्यान में रखेंगे कि सामान्य हित में सहयोग करने का विकल्प है अव्यवस्था और अन्धाधुन्धी, जो बड़े ओर छोटे, सबको, समान सर्वनाश का शिकार बनाएगी, यदि हम कम-से-कम समान कार्यों में भी एक साथ मिलकर सहयोग नहीं कर पाएँगे...।"[10]

भले ही तीन जून, 1947 की घोषणा पर निजाम अपनी प्रतिक्रिया व्यक्त कर चुके थे, लेकिन पृथक रूप से देशी-राज्यों के विभाग के, स्वतंत्रता-प्राप्ति के पूर्व ही, ब्रिटिश वायसराय द्वारा स्थापित कर दिए जाने से उनके भीतर अवश्य ही हलचल हुई। फिर वायसराय लार्ड माउन्टबेटन ने निजाम को स्पष्टतः प्रधानमंत्री एटली और उनकी सरकार की उस नीति को बता दिया, जिसमें भारत के समान किसी स्तर की प्राप्ति हैदराबाद या किसी अन्य देशी-राज्य के लिए असम्भव थी। माउन्टबेटन ने निजाम को उनके राज्य को भी पृथक उपनिवेश मानने से मना कर दिया और उस्मान अली खान को परामर्श दिया वे अपने राज्य हैदराबाद का पड़ोसी उपनिवेश भारत में विलय कर दें। इसी घटनाक्रम के चलते अब हैदराबाद के निजाम को

भारत से वार्तालाप करने को विवश होना पड़ा। लेकिन, जैसा कि मैंने पहले भी उल्लेख किया है, निजाम मूर्ख-चालाक थे। बातों को उलझाने और फिर उनके आधार पर सफल होने की कला में वे दक्ष थे। उनकी ओर से 11 जुलाई, 1947 को नवाब छतारी के नेतृत्व में एक प्रतिनिधि- मण्डल दिल्ली भेजा गया। उस प्रतिनिधि ने वार्ता की, परन्तु कोई हल नहीं निकला। उल्टे उस प्रतिनिधि-मण्डल के माध्यम से बरार, जो 1853 से ही हैदराबाद से पृथक था और उस समय मध्य प्रान्त का भाग था, को हैदराबाद को वापस करने की बात अवश्य की गई।

सरदार पटेल उस समय भी यथावत दृढ़ तथा स्पष्ट थे। इसलिए उन्होंने नवाब छतारी से 25 जुलाई, 1947 को 'नरेन्द्र-मण्डल वार्तालाप-समिति' में भाग लेकर हैदराबाद के भारत-संघ में विलय के सम्बन्ध में कोई निर्णय लेने की आशा की, लेकिन नवाब छतारी ने असमर्थता व्यक्त कर हैदराबाद की राह ली; परन्तु प्रस्थान से पूर्व यह आश्वासन दिया कि पूरे प्रकरण पर पुनर्विचार करके दो माह के भीतर कोई निर्णय ले लिया जाएगा।

5

निजाम जान-बूझकर अनभिज्ञ बने रहे। वे असम्भव को सम्भव करने के स्वप्न देखते रहे।[11] वे अपने राज्य के धर्मान्ध लोगों, कट्टरपंथियों, जिनके अन्ततः वे, स्वार्थ के वशीभूत दबाव में भी थे, को बढ़ावा देते रहे। उनके वैधानिक एवं संवैधानिक सलाहकार वाल्टर मॉन्कटन, जाने-अनजाने में उन्हें असामंजस्य की स्थिति में डाले रहे। जो दो माह का समय नवाब छतारी द्वारा किसी निर्णय पर पहुँचने के

लिए लिया गया था, उसका प्रयोग राज्य में साम्प्रदायिक स्थिति उत्पन्न करने में हुआ; तनाव और गम्भीर अनिश्चितता के वातावरण, भय व आतंक, तथा साथ ही, अलगाववादी प्रवृत्तियों को उभारने में हुआ।

इतेहाद-उल-मुसलमीन के स्वयं-सेवक कासिम रिजवी के नेतृत्व में दिन-प्रतिदिन साम्प्रदायिक गतिविधियों को बढ़ाने, लूटपाट करने एवं शस्त्रों को इकट्ठा करके बड़ी घटनाओं की योजना में लिप्त होते गए। जो लोग निजाम की ओर से भारत सरकार से वार्तालाप कर रहे थे, उन पर दबाव डालने, उनके घरों को घेरने तथा साथ ही बहुसंख्यक-सम्प्रदाय के लोगों की सम्पत्ति छीनने, उनकी महिलाओं के शील भंग करने और हत्याएँ करने में वे स्वयं-सेवक, जो रजाकार कहलाते थे, अधिकाधिक लिप्त होते गए। आश्चर्यजनक बात यह थी कि राज्य के साम्यवादी भी उन रजाकारों से मिल गए। साम्यवादियों को अनिश्चितता की स्थिति के चलते, कदाचित्, हैदराबाद राज्य के लाल झण्डे के नीचे आ जाने का स्वप्न दीख रहा था।

निजाम इन राजाकारों के दबाव में थे; वे, जैसा कि कहा है, जाने-अनजाने गलतफहमी का शिकार थे और मूर्ख-चालाक होने का भान करा रहे थे। एक ओर वे भारत सरकार से वार्ताक्रम जारी रखने की बात करते थे और दूसरी ओर राज्य में हथियारों को भी मँगा रहे थे। यहाँ तक कि उन्होंने उपरान्त पाकिस्तान के सहयोग से हैदराबाद राज्य का मामला संयुक्त राष्ट्र की सुरक्षा-परिषद तक में उठवाया। राज्य के कोष का दुरुपयोग करना प्रारम्भ कर दिया।

भारत स्वाधीन हुआ, हैदराबाद उसके संघ में नहीं मिल सका, जबकि अधिकांश राज्यों का भारत के संघ में विलय हो गया।

माउन्टबेटन के लिए यह स्थिति बहुत ही कठिनाई या परेशानी वाली थी, जबकि वल्लभभाई को क्षुब्ध करने वाली। माउन्टबेटन तब भी वार्तालाप में लगे रहे; हैदराबाद से अनेक प्रतिनिधि-मण्डल आए और वापस चले गए। 19 नवम्बर, 1947 को उनके[12] विशेष प्रयासों से, किसी दीर्घकालीन समझौते का आधार तैयार करने के उद्देश्य से, पाँच धाराओं वाले एक समझौते पर हैदराबाद के निजाम व भारत की ओर से हस्ताक्षर हुए। ये पाँच धाराएँ थीं:

(क) रक्षा, विदेश और संचार से सम्बन्धित व्यवस्था को हैदराबाद राज्य की ओर से भारत द्वारा बनाए रखना; लेकिन भारत सरकार को यह अधिकार नहीं था कि वह आन्तरिक सुरक्षा के प्रयोजन से, निजाम की सहायता या युद्ध की स्थिति के अतिरिक्त अन्य किसी दशा में, अपनी सेना को हैदराबाद राज्य में भेज सके;

(ख) हैदराबाद राज्य व भारत सरकार द्वारा अपने-अपने 'एजन्ट-जनरल' को एक-दूसरे के यहाँ रखना;

(ग) भारत सरकार को हैदराबाद राज्य पर उच्च सत्ता न माना जाना;

(घ) आपसी झगड़ों का पंच निर्णयाधार पर सुलझाया जाना; तथा

(व) उक्त समझौते का एक वर्ष की अवधि तक ही मान्य रहना।

यद्यपि उक्त समझौता वल्लभभाई की इच्छा के विरुद्ध था, लेकिन धैर्य का परिचय देते हुए उन्होंने इसे मान लिया। उन्हें आशा थी कि एक वर्ष की अवधि तक समस्या सुलझ जाएगी; हैदराबाद राज्य का पूर्णतः भारत के संघ में उसी प्रकार विलय हो जाएगा, जैसा कि

अन्य राज्यों का हुआ था। लेकिन नहीं, समझौते की शर्तों का हैदराबाद की ओर से पालन नहीं हुआ। नवाब छतारी और दूसरे मंत्री,[13] जो भारत सरकार के साथ होने वाली वार्ताओं में सम्मिलित रहे थे, अन्ततः हैदराबाद छोड़कर चले गए। नवाब छतारी के स्थान पर निजाम ने रजाकारों के समर्थक व मनोनीत लायक अली को अपना नया प्रधानमंत्री बनाया। परिणामस्वरूप पहले से अधिक साम्प्रदायिकता, जिसके मूल में वही आतंक, प्रताड़ना, अत्याचार और लूट आदि जैसे कृत्य थे, की ओर राज्य बढ़ चला। भारत सरकार और हैदराबाद के मध्य, वस्तुतः दूरी बढ़ने लगी।

मार्च, 1948 में निजाम ने पुनः अपने अंग्रेज सलाहकार मॉन्कटन को भी हैदराबाद बुलवाया और नई चर्चाओं के क्रम को आगे बढ़ाने की चेष्टा की। लेकिन सरदार पटेल की दृष्टि में यह सब कुछ अब व्यर्थ था; समय को नष्ट करने वाली बात थी, विशेषकर यदि निम्नलिखित दो महत्वपूर्ण बिन्दुओं से हटकर कोई बात की जाती है:

(क) भारत के साथ हैदराबाद राज्य के विलय की बात; तथा

(ख) राज्य में उत्तरदायी सरकार की स्थापना की बात।

लेकिन फिर जून तक निरर्थक वार्तालाप होता रहा। 21 जून, 1948 को भारत से विदा होने से पूर्व माउन्टबेटन ने भारी भाग दौड़ करके तथा देहरादून में स्वास्थ्य लाभ कर रहे सरदार पटेल की हार्दिक इच्छा के विरुद्ध उनकी सहमति लेकर, एक बार पुनः ऐसे समझौते का प्रयास किया, जिसमें अन्य राज्यों से भिन्न हैदराबाद के लिए विशेष दर्जे का प्रावधान था। इसमें रजाकारों की गतिविधियों को रोकने और राज्य की समस्त राजनीतिक संस्थाओं के साथ परामर्श करके उनके

प्रतिनिधियों को राज्य की परिषद[14] में सम्मिलित करने की बात थी। लेकिन निजाम ने इसे भी नहीं माना।

माउन्टबेटन चले गए। पण्डित नेहरू ने निजाम को छूट दी कि वे जब चाहे, उक्त समझौते को स्वीकार कर सकते हैं। जब निजाम फिर भी नहीं मानें, तो सरदार पटेल ने घोषणा की कि माउन्टबेटन के सभी प्रस्ताव उनके साथ चले गए हैं। हैदराबाद को अब आगे कोई सुविधा नहीं दी जाएगी; अन्य देशी-राज्यों की शर्तों पर ही उसका भी भारत में विलय होगा। उन्होंने इस सन्दर्भ में अन्तिम बार हैदराबाद के प्रधानमंत्री लायक अली से, जो उनसे दिल्ली में भेंट करने आए थे, स्पष्टतः कह भी दिया था, "हम हैदराबाद की स्वतंत्रता पर कभी भी सहमत नहीं होंगे। यदि निजाम या हैदराबाद राज्य स्वतंत्र रहने की अपनी माँग पर अड़े रहे, तो निश्चित ही उन्हें असफल होना पड़ेगा।"

6

21 जून, 1948 से 13 सितम्बर, 1948 के मध्य समय में हैदराबाद में सभी रूपों में शोचनीय स्थिति रही। भारत के साथ तनाव में वृद्धि, सीमावर्ती राज्यों के क्षेत्रों से छेड़खानी और पाकिस्तान के माध्यम से अस्त्रों-शस्त्रों का भण्डारण हैदराबाद ने किया।[15] यही नहीं, हैदराबाद में भारत के 'एजन्ट-जनरल' के० एम० मुंशी पर अनेक प्रतिबन्ध लगाए गए, और अन्ततः उन्हें नजरबन्द भी कर दिया गया। कासिम रिजवी नित, निरन्तर भड़काऊ और साम्प्रदायिक विष से भरे भाषण देकर वातावरण को दूषित करता रहा; बहुसंख्यकों के साथ ही उन मुसलमानों, जो राष्ट्रभक्त थे, को भी मौत के घाट उतारा जाने लगा। निरन्तर धमकियाँ दी जाती रहीं।[16] साथ ही रजाकारों के नेता

के परामर्श तथा दबाव में बड़े पैमाने पर रामानन्द तीर्थ सहित, दस हजार से भी अधिक काँग्रेसी कार्यकर्ताओं, तथा अन्य अनेक की गिरफ्तारियाँ की गईं। कासिम रिजवी इतना आक्रामक हो गया कि उसने कहा, "जो उनके विरुद्ध हाथ उठाएगा, उसके हाथ काट दिए जाएँगे।" एक सार्वजनिक सभा में उसने यह भी कहा, "हैदराबादी... तब तक अपनी तलवार को म्यान में नहीं रखेंगे, जब तक .... प्रमुख उद्देश्य की पूर्ति नहीं हो जाती।" ...एक हाथ में ... तथा दूसरे हाथ में तलवार लेकर शत्रु पर टूट पड़ो। यह स्मरण रखो कि भारत के साढ़े चार करोड़ ... हमारे पाँचवे कालम का कार्य करेंगे।"[17]

ऐसे में वहाँ क्या स्थिति रही होगी? इसका सहज ही अनुमान लगाया जा सकता था। एक ओर भारतीय संघ और उसे प्राप्त स्वतंत्रता को खुली चुनौती, और उसको तोड़ने की तैयारी, तो दूसरी ओर आमजन, विशेषरूप से एक समुदाय से जुड़े लोगों पर अनुमान से परे के अत्याचार और उनके सम्मान को मिटाने के प्रयास; मद्रास, बम्बई और मध्य प्रान्त में घुसपैठ तथा उसके माध्यम से हत्याएँ व लूट-पाट की स्पष्ट स्थिति, ऐसे में क्या किया जाए? सरदार पटेल ने इसे सिर से पानी उतर जाने के समान घटनाक्रम मानते हुए अब प्रत्यक्षतः इसे अपने हाथ में ले लिया। तत्कालीन गवर्नर-जनरल चक्रवर्ती राजगोपालाचारी और प्रधानमंत्री पण्डित जवाहरलाल नेहरू से परामर्श करके, वल्लभभाई ने हैदराबाद में सैन्य कार्यवाही करने का चिरस्मरणीय व ऐतिहासिक निर्णय लिया। यह निर्णय कई बार की जटिलताओं के उपरान्त ही लिया जा सका, क्योंकि प्रधानमंत्री नेहरू तुरन्त ही हैदराबाद में सैन्य कार्यवाही के पक्ष में नहीं थे; विपरीत

इसके सरदार पटेल रजाकारों के आक्रमण और वहाँ की स्थिति, जिसकी पूरे देश में प्रतिक्रिया हो रही थी, उसकी निन्दा हो रही थी, से बहुत क्षुब्ध थे। सरदार की दृष्टि में सैन्य कार्यवाही के अतिरिक्त कोई दूसरा विकल्प अब शेष नहीं था।

इस सन्दर्भ में वैसे तो रक्षा विषयों से सम्बन्धित भारत सरकार की समिति में कई बार यह विषय उठा, लेकिन अन्तिम निर्णय, जो सरदार ने लिया, के एक दिन पूर्व उक्त समिति में इतना उग्र हो गया था कि सरदार वल्लभभाई पटेल विरोध प्रकट करते हुए उसकी बैठक से उठकर चले गए, साथ ही उन्होंने केन्द्रीय मंत्रिमण्डल से त्यागपत्र भी दे दिया। अगले दिन गवर्नर-जनरल चक्रवर्ती राजगोपालाचारी सरदार पटेल को मनाकर वापस लाए और प्रधानमंत्री नेहरू ने वल्लभभाई के निर्णय को सहमति दी।

सरदार वल्लभभाई पटेल ने 13 सितम्बर, 1948 को भारतीय सेनाओं को हैदराबाद राज्य पर चढ़ाई करने का आदेश दिया। इस पर प्रधान सेनापति जनरल बुशर ने सरदार पटेल से कहा कि चूँकि तेरह का अंक अशुभ माना जाता है, अतः क्यों न चढ़ाई चौदह को की जाए? इस पर वल्लभभाई का उत्तर था, "...लेकिन गुजरात में तो तेरह का अंक शुभ माना जाता है। आपको तब भी कोई आपत्ति हो, तो चढ़ाई बारह को की जाए।"

इस प्रकार हैदराबाद पर मेजर जनरल जे० एन० चौधरी के नेतृत्व में भारतीय सेना ने दो ओर से चढ़ाई की। मुख्य सेना शोलापुर-हैदराबाद मार्ग से और दूसरी टुकड़ियाँ बैजबाड़ा-हैदराबाद मार्ग से चलीं। 13 और 14 सितम्बर, 1948 को साधारण प्रतिवाद

करने और अपने 800 समर्थकों को गँवा देने के बाद, अन्ततः 17 सितम्बर को हैदराबाद राज्य के प्रधान सेनापति एदरूस ने जनरल चौधरी के समक्ष आत्मसमर्पण कर दिया। सभी-प्रधानमंत्री लायक अली सहित-मंत्रियों, निजाम आदि को नजरबन्द करने और के० एम० मुंशी को मुक्त कराने के बाद 18 सितम्बर, 1948 को जनरल चौधरी को हैदराबाद का सैनिक गर्वनर बना दिया गया।

यह था संक्षेप में हैदराबाद में सैन्य कार्यवाही से जुड़ा सरदार का स्मरणीय तथा ऐतिहासिक निर्णय और उसके पीछे रही पृष्ठभूमि।

सन्दर्भ:

1. क्योंकि बड़ी जनसंख्या के साथ ही, इस राज्य का कुल क्षेत्रफल एक लाख चार सौ पैंसठ वर्ग मील था।
2. मुख्य रूप से मराठवाड़ा के पूना, कन्नड़ क्षेत्र के मैसूर, मुम्बई और मध्य प्रान्त के क्षेत्रों, साथ ही अंग्रेजों के मुख्य-मुख्य ठिकानों और प्रारम्भ में फ्रांसीसियों के प्रमुख केन्द्रों पर हैदराबाद राज्य के गुप्तचर नियुक्त थे।
3. यही कारण था कि जब भारतीय रेल के मार्गों का निर्धारण होने लगा, तो शासकों द्वारा उसे मुख्य मार्ग पर ही नहीं आने दिया गया। यद्यपि रेल-मार्गों के निर्धारण के समय हैदराबाद देश का तीसरा सर्वाधिक बड़ा नगर था, लेकिन वह न तो दिल्ली-मद्रास मार्ग पर पड़ा और न ही बम्बई-मद्रास मार्ग पर।
4. वास्तव में द्वितीय विश्व युद्धोपरान्त इंग्लैण्ड में बनी श्रमिक दल की सरकार ने, वैवेल के स्थान पर माउन्टबेटन को भारत का वायसराय नियुक्त किया, ताकि भारत को स्वतंत्रता प्रदान करने की, जिसकी पहले ही घोषणा कर दी गई थी, राह को स्पष्ट व सरल किया जा सके; इसी तारतम्य में माउन्टबेटन ने 24 मार्च, 1947 को दिल्ली पहुँचकर अपना पद ग्रहण किया। उपरान्त उन्होंने देश के समस्त प्रमुख नेताओं-महात्मा

गाँधी, नेहरू, पटेल व लीग के जिन्ना आदि-से वार्तालाप किया। इसके बाद 2 मई, 1947 तक अन्य नेताओं के साथ उक्त वार्तालाप को निरन्तर जारी रखते हुए उन्होंने निम्नलिखित पाँच प्रमुख घोषणाएँ कीं:

(क) काँग्रेस तथा मुस्लिम लीग-दोनों ही-भारत के विभाजन को अनिवार्य समझती है;

(ख) पंजाब और बंगाल के विभाजनार्थ एक सीमा आयोग बनाया जाएगा;

(ग) विभाजन से पूर्व सम्बन्धित राज्य (प्रान्त) की विधान सभा के सदस्यों को विभाजन के सम्बन्ध में सम्मति देने का अधिकार होगा;

(घ) जो प्रान्त विभाजन चाहेगा, उसकी विधान सभा के सदस्य संविधान सभा के लिए प्रतिनिधि चुनेंगे। वर्तमान भारतीय संविधान सभा में भाग न लेने वाले व्यक्ति उसके सदस्य नहीं रहेंगे; तथा

(च) (उत्तर-पश्चिमी) सीमा प्रान्त में वहाँ के राज्यपाल को बदलकर धारा 93 के अधीन नए चुनाव कराए जाएँगे।

उक्त पाँचों प्रमुख घोषणाओं के आधार पर सत्ता हस्तांतरण के आश्वासनोपरान्त, माउन्टबेटन लन्दन गए। वहाँ उन्होंने अपनी सरकार से परामर्श किया और उसकी स्वीकृति मिलने के उपरान्त वे 30 मई, 1947 को वापस भारत लौट आए। तीसरी जून को प्रकाशित यही घोषणा जून-घोषणा के नाम से जानी जाती है। इसी घोषणा के अनुसार, "15 अगस्त, 1947 को भारत के हिन्दुस्तान व पाकिस्तान, दो, भाग हो जाएँगे और बिटिश सत्ता दोनों की सरकारों को पूर्ण शासन-सत्ता का हस्तान्तरण कर देगी...।"

5. विस्तार के लिए देखिएगा परिशिष्ट संख्या चार।

6. जिसका पूर्व में उल्लेख किया है।

7. देखिएगा, परिशिष्ट संख्या पाँच।

8. काँग्रेस कार्यसमिति के पुष्टि से सम्बन्धित प्रस्तावानुसार, "हैदराबाद राज्य

ने हाल में ही जिन प्रस्तावित संवैधानिक सुधारों की घोषणा की है, उन पर कार्य समिति ने विचार किया है। उन प्रस्तावों की परिकल्पना त्रुटिपूर्ण ढंग से की गई है, उनका क्षेत्र मर्यादित है, वे प्रतिबन्धों एवं मर्यादाओं से भरे हैं और उनका स्पष्ट आशय जनता के लिए कोई स्वतंत्रता प्रदान करने का नहीं है, अपितु विशेषाधिकार प्राप्त स्थापित हितों की रक्षा करने और राज्य में वर्तमान सामन्तवादी परिस्थितियाँ बनाए रखने का है। किसी भी समय उनका विरोध सम्भव है, क्योंकि वे जिन सिद्धान्तों पर आधारित हैं, वे न्याय और लोकतंत्र के समस्त सिद्धान्तों का विरोध करने वाले हैं। ऐसे समय, जब भारत स्वाधीन होने जा रहा है, वे सुधार परिस्थितियों की अल्पमत माँगों के साथ भी सर्वथा असंगत प्रतीत होते हैं और उनका स्वाधीन भारत के निकट भविष्य में रचे जाने वाले किसी भी संविधान के साथ तालमेल नहीं बैठ सकता। समिति को खेद है कि भारत का (एक) प्रमुख देशी-राज्य (हैदराबाद) राजनीतिक और आर्थिक दृष्टि से अत्यावश्यक नागरिक स्वतंत्रताओं की दृष्टि से पिछड़ा हुआ और स्वाधीन भारत के स्वायत्त भागों की भाँति उत्तरदायी सरकार की दिशा में शीघ्र प्रगतिशील परिवर्तन करने के विरुद्ध है।

"इसलिए कार्यसमिति का यह मत है कि इन प्रस्तावित सुधारों को यदि कार्यान्वित किया गया, तो ये स्वतंत्रता की दिशा मे होने वाली प्रगति की राह में बाधा बनेंगे, इसलिए नए विधान (प्रस्तावित सुधारों-सम्बन्धी) को वापस ले लेना चाहिए और उनका स्थान ऐसा संविधान ले, जो राज्य की जनता की स्वीकृति और समर्थन से तैयार किया गया हो।

"कार्य समिति राज्य-काँग्रेस की परिषद के इस निर्णय का समर्थन करती है कि इस नई योजना को अस्वीकार कर दिया जाए और उसे व्यावहारिक रूप देने के सम्बन्ध में किए जाने वाले किसी कार्य में भाग न लिया जाए।"

9. पाँच जुलाई, 1947 को।

10. पूरे वक्तव्य को परिशिष्ट संख्या छः में देखा जा सकता है।

11. विशेष रूप से चर्चिल के विचारों से एकरूपता रखने वाले 'कि निजाम का राज्य स्वतंत्र रहे', वैधानिक तथा संवैधानिक सलाहकार के रूप में मॉन्कटन निजाम को असामंजस्य में डालते रहे। यद्यपि मॉन्कटन माउन्टबेटन के भी मित्र थे और अपनी मित्रता का उन्होंने हैदराबाद के निजाम के पक्ष में भरपूर लाभ भी उठाया, लेकिन माउन्टबेटन हैदराबाद के भारतीय उपनिवेश में विलय के पक्षधर थे जबकि मॉन्कटन, जैसा कि उनके अपने देश को लौटने से पूर्व हैदराबाद राज्य की स्थिति पर 15 सितम्बर, 1947 को अन्तिम रूप से तैयार की गई टिप्पणी से स्पष्ट है, निजाम को असामंजस्य में बनाए रखने में अग्रणी रहे थे। उनके द्वारा तैयार की गई टिप्पणी को विस्तृत रूप से जानने के लिए परिशिष्ट संख्या सात को देखा जा सकता है।
12. वायसराय व गवर्नर-जनरल माउन्टबेटन।
13. सुल्तान अहमद।
14. एक मंत्रिपरिषद के समान कार्यरत।
15. आस्ट्रेलियाई सिटनी काटन की सहायता से कराची के माध्यम से अस्त्र-शस्त्र निरन्तर हैदराबाद पहुँच रहे थे।
16. राष्ट्रीय विचारों वाले सोईबुल्ला खान, जो एक उर्दू पत्र के सम्पादक थे, की हत्या; और बाकिर अली मिर्जा तथा उनके छः अन्य साथियों, जिन्होंने निजाम को उत्तरदायी शासन स्थापित करने का परामर्श दिया था, को मारने की धमकियाँ कुछ-एक उदाहरण हैं।
17. राष्ट्रनिर्माता सरदार पटेल, पृष्ठ 168 से उद्धृत।

◆◆◆

8

साम्प्रदायिक आधार पर आरक्षण का विरोध

इतिहासकार तथा ऐतिहासिक घटनाक्रम, विशेष रूप से भारत के राष्ट्रीय मुक्ति-आन्दोलन में रुचि रखने वाले यह भली-भाँति जानते हैं कि वर्ष 1909 में लागू किए गए मार्ले-मिन्टों सुधारों[1] ने, जिनमें देश के प्रमुख धर्म-सम्प्रदायों, अर्थात हिन्दुओं तथा मुसलमानों के लिए केन्द्रीय विधान परिषद[2] और प्रान्तों में राज्यपालों की परिषदों हेतु पृथक-पृथक प्रतिनिधियों को चुनकर भेजने की व्यवस्था की थी, देश के विभाजन के लिए पूर्व में बो दिए गए बीज को पौधा बना दिया था। दूसरे शब्दों में, इन सुधारों ने विभाजन के लिए बोए गए बीज को अनुकूल वातावरण प्रदान करके पौधा बना दिया।

पृथक निर्वाचन की यही व्यवस्था 1946 के चुनावों तक, वे केन्द्रीय विधान सभा के लिए हों या प्रान्तों की विधान सभाओं के लिए, जारी रही, यद्यपि शनैः-शनैः मताधिकार का प्रतिशत बढ़ता रहा तथा समय-समय पर सदस्य संख्या और चयन-प्रणालियों में विभिन्न अधिनियमों के माध्यम से परिवर्तन होते रहे। उदाहरणार्थ, मान्टेग्यू-चेम्सफोर्ड सुधार-योजना के अनुसार ब्रिटिश संसद द्वारा पारित भारत शासन अधिनियम, 1919 के अन्तर्गत केन्द्रीय विधान परिषद में वयस्क जनसंख्या के एक प्रतिशत और प्रान्तीय परिषदों में

तीन प्रतिशत लोग मताधिकार के अन्तर्गत आ गए। इसके परिणामस्वरूप अब केन्द्रीय विधान सभा और केन्द्रीय विधान परिषद, अर्थात उच्च सदन में भी, प्रान्तों की विधान परिषदों के साथ-साथ, निर्वाचित सदस्यों का बहुमत हो गया।

इसी प्रकार वर्ष 1934 में हुए केन्द्रीय विधान सभा के चुनावों में उक्त प्रतिशत कुछ और बढ़ा जबकि 'भारत शासन अधिनियम-1935' के अन्तर्गत वर्ष 1937 में प्रान्तों की विधान सभाओं के लिए हुए चुनावों के समय 12 प्रतिशत वयस्कों[3] को मत देने का अधिकर मिला था। इस समय 70 प्रतिशत हिन्दू जनसंख्या थी और इस जनसंख्या को केवल 55 प्रतिशत स्थान दिए गए थे। वर्ष 1946 के अति महत्त्वपूर्ण चुनावों, जो केन्द्रीय विधान सभा तथा प्रान्तों की विधान सभाओं के लिए कराए[4] गए, उनमें मतदाताओं की बहुत अधिक बढ़ोत्तरी नहीं हुई थी। लगभग 13 प्रतिशत लोगों ने इनमें भागीदारी की।[5]

2

1946 तक, जैसा कि उक्त विवरण से स्पष्ट है, साम्प्रदायिक आधार पर अंग्रेजों ने निर्वाचन व्यवस्था को जारी रखा। हिन्दुओं और मुसलमानों के लिए पृथक-पृथक निर्वाचन क्षेत्र बने रहे। इससे देश की एकता और अखण्डता भंग होने का कार्य हुआ; इस व्यवस्था ने भी वर्ष 1947 में भारत के विभाजन में प्रमुख भूमिका का निर्वाह किया। देश के विभाजन के समय जनसंख्या का भी चूँकि बड़े पैमाने पर स्थानान्तरण हुआ था, इसलिए मुसलमानों के लिए जिस आधार पर लगभग 40 वर्ष पूर्व निर्वाचन क्षेत्रों को आरक्षित करने की बात की गई थी, उसकी अब महत्ता ही नहीं रह गई थी। साथ ही देश को बाँटने

में अहम भूमिका का निर्वाह करने वाली ऐसी व्यवस्था को लागू रखना उचित भी नहीं था। भारत लोकतंत्र के गणतंत्रात्मक स्वरूप को अपनाने जा रहा था। ऐसे में अल्पसंख्यकों के नाम पर निर्वाचन क्षेत्रों को आरक्षित रखना, वह भी पूर्वकालिक कटु अनुभवों एवं अत्यधिक गम्भीर परिणामों को ध्यान में रखते हुए, भारत की एकता तथा अखण्डता के लिए अत्यधिक खतरनाक था।

सरदार वल्लभभाई पटेल संविधान निर्मात्री सभा में मूल अधिकारों तथा राज्यों के स्वरूप से सम्बन्धित उपसमितियों के अतिरिक्त अल्पसंख्यकों की स्थिति के विषय में बनी उपसमिति के भी अध्यक्ष थे। भारत के विभाजन के समय उत्पन्न गम्भीर स्थिति को सूक्ष्मता से देखने के साथ ही, उन्होंने इससे उत्पन्न चुनौतियों का सामना भी किया था। इसलिए उनकी स्पष्ट राय थी कि भारत को यदि अखण्ड रखना है, तो अल्पमत-बहुमत की धारणा को समाप्त करना ही होगा।

संविधान की रचना के समय मुसलमानों के लिए पूर्व में आरक्षित निर्वाचन क्षेत्रों को ज्यों-का-त्यों रखने, या उनके लिए पुनः निर्वाचन क्षेत्रों को सुरक्षित करने की बात उठी थी। मैं यहाँ किसी के नाम का उल्लेख तो नहीं करना चाहूँगा, लेकिन यह फिर भी बताना चाहूँगा कि भारतीय राष्ट्रीय काँग्रेस के अग्रिम पंक्ति के एक-दो मुस्लिम नेताओं ने इस माँग का समर्थन किया था। तो भी यह आश्चर्यजनक नहीं था।

इसी के साथ-साथ, महाराजा पटियाला और तत्कालीन प्रतिरक्षा मंत्री सरदार बलदेव सिंह भारतीय संविधान में कुछ ऐसी धाराएँ जोड़े जाने के पक्ष में थे, जो सिक्खों को उनके अधिकारों, यदि विशेषाधिकार

कहें, तो अधिक अच्छा होगा, की निश्चित रूप में प्रत्याभूति दें। वैसे कुछ सिक्ख नेताओं ने सिक्खों के लिए स्थानों को सुरक्षित करने की माँग भी की थी। महाराजा पटियाला द्वारा इस सन्दर्भ में 5 सितम्बर, 1947 को सरदार पटेल को एक पत्र लिखा गया था। पत्र के एक अंशानुसारः

"यह आवश्यक है कि सिक्खों में.... विश्वास उत्पन्न करने के लिए कुछ सक्रिय कदम उठाए जाएँ तथा नए संविधान में ऐसी धाराएँ सम्मिलित की जाएँ, जो इस बात की प्रत्याभूति दें कि सिक्खों को उस अधिकारपूर्ण स्थान से वंचित नहीं किया जाएगा, जो भारत की शासन-व्यवस्था में उन्हें प्राप्त होना चाहिए।" उन्होंने पत्र में यह भी लिखा, "मुसलमानों ने स्वतंत्र सार्वभौमिक राज्य की माँग की और वह उन्हें मिल गया। हिन्दुओं को, जो सामान्य कहे जाने वाले तत्त्व का सबसे बड़ा भाग है, वस्तुतः वह दूसरा सार्वभौमिक राज्य मिल गया, जिसमें उनकी प्रधानता है। केवल भारत के राष्ट्रीय जीवन का तीसरा तत्त्व, अर्थात सिक्ख ही ऐसे हैं, जिन्हें न केवल नई व्यवस्था का कोई लाभ नहीं मिला, अपितु ऐसे कारणों से, जो उनमें अन्तर्निहित नहीं थे, उस भूखण्ड का बड़ा भाग गँवा देना पड़ा, जो पहले उनके हाथ में था।"

वास्तव में सरदार वल्लभभाई पटेल के लिए, इन परिस्थितियों में, चुनौती से भरपूर समय था, लेकिन राष्ट्रीय एकता व अखण्डता के लिए सदैव कटिबद्ध लौह-पुरुष ने अत्यधिक कुशलतापूर्वक कार्य किया; उन्होंने साम्प्रदायिक आधार पर किसी भी स्थान को सुरक्षित न करने का एक महत्त्वपूर्ण और ऐतिहासिक निर्णय लिया। इस निर्णय को

लेते समय वल्लभभाई पटेल ने, स्वयं उनके अपने शब्दों में, इतिहास की धारा को बदलने का सफल साहस किया, तीन निम्नलिखित व प्रमुख वास्तविकताओं को केन्द्र में रखकर:

(क) कोई सम्प्रदाय (या जाति), यदि यह सोचे कि उसके हित राष्ट्र के हितों से भिन्न हैं, तो वह उसकी भारी भूल होगी;

(ख) अल्पमत का भविष्य इस बात में सुरक्षित है कि वह बहुमत में विश्वास रखे; तथा

(ग) भूतकाल में विकसित मानसिकता, कि बहुमत के विरुद्ध होकर अल्पमत कुछ अधिक पा लेगा या ऐसा करने से बहुमत अल्पमत को कुछ देने को विवश ही होगा, समाप्त कर देना चाहिए।

लेकिन सरदार पटेल ने उक्त निर्णय लेते समय जिस परिपक्वता, अल्पसंख्यकों के प्रति प्रेम और उनके विश्वास को जीतने की कला, लोकतांत्रिक मूल्यों के प्रति समर्पण, और साथ ही दृढ़-निश्चय को प्रदर्शित किया, वह सदैव अनुकरणीय व स्मरणीय रहेगा। उनके दृढ़-निश्चय तथा उक्त वर्णित बातों के सम्पूर्ण खुलासे को हम संविधान सभा में, इस सन्दर्भ में एक सफल वीर की भाँति, दिए गए 26 मई, 1949 के उनके भाषण में देख सकते हैं।[6]

वल्लभभाई ने उक्त विषय में तर्क-वितर्क के साथ कार्य लिया; मुसलमानों ही नहीं, सिक्खों को भी सम्प्रदाय के आधार पर आरक्षण जैसी बातों के परिणाम के प्रति सचेत किया। यही कारण था कि बिहार के अग्रणी मुस्लिम नेता तजमुल हुसैन और लारी जैसे लोगों ने स्वतः ही ऐसी किसी आरक्षण प्रणाली का विरोध किया, जिसके मूल में साम्प्रदायिकता हो, या सम्प्रदाय विशेष का हित हो। मौलाना आजाद

को भी अन्ततः इस मामले में चुप्पी साधनी पड़ी, जबकि सरदार बलदेव सिंह जैसे नेता ने तो वल्लभभाई में, इस हेतु वे जो भी निर्णय लें, पूर्ण विश्वास रखने की वचनबद्धता प्रकट की। 29 दिसम्बर, 1948 को वल्लभभाई को लिखे एक पत्र में बलदेव सिंह ने उल्लेख किया:

"सिक्खों के मन में यह गहरा विश्वास है कि आप उनके उत्तम मित्र हैं, और इसका उदारतापूर्वक प्रमाण आप (स्वयं) अनेकावसरों पर दे चुके हैं।" इसी पत्र में उन्होंने यह भी लिखा, "मैं न तो साम्प्रदायिक आधार पर अधिक प्रतिनिधित्व चाहता हूँ और न ही मैं पृथक निर्वाचन मण्डलों के पक्ष में हूँ।"

सन्दर्भ:

1. लार्ड मिन्टो, जो 1909 में भारत के वायसराय थे तथा लार्ड मार्ले, जो भारतमंत्री थे, ने भारतीय शासन-विधान को लागू किया। इसे ही मार्ले-मिन्टों सुधार कहा जाता है। यह सुधार वर्ष 1910 में लागू हुआ। इसके प्रावधानों के अनुसार, केन्द्रीय विधान परिषद में निर्वाचित सदस्यों की संख्या, जिन्हें उस समय की भारत की कुल जनसंख्या का केवल एक प्रतिशत से भी कम लोग चुनते थे, को परिषद की कुल सदस्य संख्या का आधा कर दिया गया। विपरीत इसके, प्रान्तों में राज्यपाल की परिषद में निर्वाचित लोगों का बहुमत हो गया। लेकिन इस सुधार की प्रमुख बात यह थी कि इसमें प्रतिनिधित्व तीन प्रकार का था:

   (क) सामान्य;

   (ख) भूस्वामी वर्ग; तथा

   (ग) मुसलमान। (मुसलमानों के लिए पूर्व से अधिक संख्या को बढ़ाते हुए उनके लिए स्थान सुरक्षित भी किए गए थे)।

   इसके अतिरिक्त जहाँ एक ओर भूस्वामी वर्ग और मुसलमान मतदाताओं को प्रत्यक्षतः मत देने का अधिकार था, वहीं दूसरी ओर

सामान्य मतदाता सूची में सम्मिलित लोग अप्रत्यक्ष रूप से, दो अथवा तीन चरणों में, मत दे सकते थे। इस व्यवस्था के अन्तर्गत मुस्लिम सम्प्रदाय को हिन्दुओं की तुलना में विशेष अधिकारों वाली स्थिति प्राप्त हो गई। वास्तव में यह साम्राज्यवादियों की 'फूट डालो तथा राज्य करो' की नीति के अनुसार की गई कार्यवाही थी; मुसलमानों को हिन्दुओं के विरुद्ध खड़ा करने की चाल थी।

2. जिसे इम्पिअरिअल लेजिस्लेटिव काउन्सिल कहा जाता था।
3. कुल जनसंख्या से।
4. साम्प्रदायिक आधार पर निर्धारित सीटों के लिए। भारतीय राष्ट्रीय कॉंग्रेस को देश के सभी प्रान्तों की विधान सभाओं के कुल स्थानों में से 930 तथा मुस्लिम लीग को 494 स्थान प्राप्त हुए थे।
5. पूरे देश की वयस्क जनसंख्या में से।
6. भाषण के लिए देखिएगा परिशिष्ट संख्या आठ को।

◆◆◆

9

जूनागढ़ का विलय व इसके सम्बन्ध में माउन्टबेटन के सुझाव से असहमति

अस्सी प्रतिशत से भी अधिक हिन्दू जनसंख्या वाले काठियावाड़ के एक छोटे-से देशी-राज्य जूनागढ़ ने विभाजनोपरान्त विलय की प्रक्रिया के समय भारतीय संघ के समक्ष गम्भीर स्थिति उत्पन्न कर दी। इस देशी-राज्य के शासक अल्पसंख्यक मुस्लिम-सम्प्रदाय से थे और उन्होंने अपने प्रधानमंत्री शाहनवाज भुट्टो के परामर्श पर, भारत सरकार को पूर्व में दिए गए आश्वासन, कि वे अपने राज्य का भारतीय संघ में ही विलय करेंगे, को दरकिनार करते हुए पाकिस्तान के साथ जुड़ने की घोषणा की। इसमें देखने वाली बात यह भी थी कि जूनागढ़ के साथ ही मानवदर, मांगरोल, गोंडल और बावरियाबाद तथा साथ ही वेतना व सरदारगढ़ जैसे छोटे-छोटे राज्यों का भविष्य जूनागढ़ के पड़ोसी होने व उसके साथ पूर्व के समझौतों के कारण, भले ही अब उनका कोई औचित्य नहीं रह गया हो, बुरी तरह प्रभावित होता था।

वास्तव में, अपनी भौगोलिक स्थिति और जनता के दृष्टिकोण के कारण जूनागढ़ का भारतीय संघ में विलय अपरिहार्य था, लेकिन 3 जून, 1947 की घोषणा का लाभ उठाते हुए, वहाँ के नवाब ने अवास्तविकतापूर्ण निर्णय लिया। इसमें उनके प्रधानमंत्री का, जैसा कि

मैंने कहा है, प्रमुख हाथ था, जिसके कारण भारत को वचन देने के बाद भी नवाब ने विपरीत कदम उठाकर पाकिस्तान में मिलने की नीति अपनाई तथा छोटे-छोटे पड़ौसी राज्यों की स्थिति को पेंचीदा बनाकर अन्ततः भारत के सामने गम्भीर कठिनाई खड़ी कर दी। स्वयं मुहम्मद अली जिन्ना यह स्वीकारते थे कि "जूनागढ़ को (पाकिस्तान में) मिलाने का कोई अर्थ नहीं"[1] और "वे जूनागढ़ के (पाकिस्तान में) विलय को स्वीकार करने के अत्यन्त विरुद्ध थे। सच पूछा जाए तो लम्बे समय तक वे इसका विरोध करते रहे...।"[2] लेकिन, जिन्ना ने कहा, "नवाब और उनके प्रधानमंत्री के आग्रहपूर्ण निवेदन के कारण उन्हें विलय स्वीकारना पड़ा।"[3] जिन्ना चतुर व मेरी दृष्टि से खिलाड़ी-समान राजनीतिज्ञ थे। वे वास्तविकता से अनभिज्ञ नहीं थे, लेकिन भारत-संघ को विभिन्न मोर्चों पर उलझाकर रखना, उनकी नीति थी और जूनागढ़ में उत्पन्न समस्या उसी नीति का एक भाग थी। सरदार पटेल ने जूनागढ़ के मामले में पुनः महत्त्वपूर्ण एवं ऐतिहासिक निर्णय लिया, तथा वह भारत-संघ का अभिन्न अंग बना। यही नहीं, पण्डित नेहरू की इच्छा, "कि इस समस्या के विषय में इंग्लैण्ड को सूचना देकर स्थिति सँभाली जाए"[4] व माउन्टबेटन के सुझाव कि "जूनागढ़ के विषय को संयुक्त राष्ट्र संघ को सौंप देना चाहिए,"[5] को अनदेखा करके उन्होंने इसे अन्तर्राष्ट्रीय राजनीति व उलझाव का मुद्दा भी नहीं बनने दिया था।

2

जिस समय जूनागढ़ के शासक ने अपने राज्य के पाकिस्तान के साथ विलय का निर्णय किया उस समय मानवदर, जिसका कुल

क्षेत्रफल लगभग एक सौ मील था, तथा मांगरोल, जो एक छोटा देशी-राज्य था, के समक्ष पेंचीदा समस्याएँ उत्पन्न हो गई। भौगोलिक दृष्टि से मानवदर के तीन ओर जूनागढ़ राज्य की सीमाएँ थीं, जबकि मांगरोल जूनागढ़ से सटा हुआ था। मांगरोल के 21 ग्रामों पर स्वतंत्रता से पूर्व जूनागढ़ का आधिपत्य था, जिसे स्वाभाविक रूप से 3 जून, 1947 की घोषणा के परिणामस्वरूप स्वाधीनता के दिन ही समाप्त हो जाना था। मांगरोल ने भारत के साथ विलय के समझौते पर हस्ताक्षर कर दिए और जूनागढ़ के आधिपत्य वाले अपने 21 ग्रामों को भी वापस करने और अन्ततः भारत को सौंपने की कार्यवाही पूर्ण की। भारत सरकार ने विलय को स्वीकार भी कर लिया और अन्ततः यह राज्य भारत-संघ में आ गया। लेकिन कुछ ही समयोपरान्त मांगरोल के शासक, जो मुसलमान थे, जबकि उनके राज्य की अधिकांश जनसंख्या मानवदर की ही भाँति हिन्दू थी, अपने विलय-सम्बन्धी समझौते से मुकर गए। कारण था, जूनागढ़ के शासन का उस पर दबाव। एक बार समझौता हो जाने के बाद, विलय-प्रक्रिया पूर्ण होने के उपरान्त, उससे पीछे हटना कोई हँसी-खेल तो था नहीं। लेकिन जूनागढ़ के शासक ने इसे ऐसा ही समझा और मानवदर में उत्पात मचवाने के अतिरिक्त[6] मांगरोल में अपनी सेना भेजकर उसे अपने अधिकार में करने की धृष्टता की।

यही नहीं, इक्यावन ग्रामों वाले एक अन्य छोटे देशी-राज्य बावरियाबाद, जिस पर जूनागढ़ का प्रभाव रहा था, लेकिन जो 3 जून की घोषणा के उपरान्त अन्य राज्यों, यहाँ तक कि जूनागढ़ की भाँति स्वयं अपने भविष्य का निर्धारण करने का अधिकार रखता था, पर भी

जूनागढ़ ने बलपूर्वक अधिकार कर लिया। बावरियाबाद की ओर से इस कार्यवाही का घोर विरोध हुआ, उसने अपनी सत्ता भारत को विलय द्वारा सौंपने, व अपनी सुरक्षा की उससे विनती की। भारत सरकार ने विनती को स्वीकार करके अपनी सेना को मांगरोल, बावरियाबाद और साथ ही मानवदर, जहाँ जनता पर घोर अत्याचार हो रहे थे, पर अधिकार करने हेतु भेजा। सेना ने सफलतापूर्वक तीनों राज्यों पर अधिकार कर लिया। उसी समय दो और छोटे राज्यों–सरदारगढ़ व वेतना–में भी ऐसी ही स्थिति उत्पन्न हो गई। फलतः इन्हें भी भारतीय सेना के सहयोग से, निश्चित रूप से सरदार वल्लभभाई पटेल की नीति और उनके दृढ़ इच्छापूर्ण निर्णय के आधार पर, अधिकार में कर लिया गया।

3

जूनागढ़ का विलय पाकिस्तान के साथ किया गया था और वहाँ की जनता की घोर आपत्ति के उपरान्त भी, भारत के समक्ष वहाँ कोई कार्यवाही करने में वैधानिक अड़चन तो थी ही। ऐसे में सरदार पटेल क्या करें? उनके समक्ष गम्भीर व चुनौतीपूर्ण प्रश्न था। लेकिन वे एक महान सत्याग्रही भी तो रहे थे। जनता को अधिकारों के लिए संघर्ष, वह भी गाँधीवादी अहिंसा के आधार पर, का अचूक व व्यावहारिक मार्ग उन्होंने दिखाया था। 1938 में स्वयं शासक के विरुद्ध सत्याग्रह तो वहाँ की जनता को, जो बहुत पुरानी बात नहीं थी, स्मरण ही था।

जैसे ही विलयोपरान्त पाकिस्तान ने असामाजिक तत्त्वों को जूनागढ़ भेजकर वहाँ की जनता पर अत्याचार प्रारम्भ कराए, जनता उठ खड़ी हुई। यह एक प्रभावकारी मार्ग था।[7] और यह सरदार पटेल

की इच्छा के अनुरूप था। संघर्ष के उपरान्त शीघ्र ही जूनागढ़ के लोग विद्रोह पर उतारू हो गए। साँवलदास गाँधी के नेतृत्व में संगठित प्रजा की सेना एकाएक आगे बढ़ने लगी; वहाँ के नवाब को आत्मसमर्पणार्थ बाध्य करने लगी। पाकिस्तानी गुंडों का कोई बस नहीं चला। जब नवाब ने देखा कि स्थिति अत्यधिक गम्भीर व विस्फोटक है, उसे पाकिस्तान से कोई सहायता नहीं मिल सकेगी और कदाचित् उसे आत्मसमर्पण करना पड़ेगा, तो वह 25 अक्टूबर, 1947 को अपने परिवार, उपलब्ध धन[8] व सरकारी प्रत्याभूतियों आदि को लेकर विमान द्वारा पाकिस्तान भाग खड़ा हुआ। तदोपरान्त 9 नवम्बर, 1947 को वहाँ के प्रधानमन्त्री शाहनवाज अली भुट्टो,[9] ने भी जूनागढ़ छोड़ते हुए भारत सरकार से अनुरोध किया कि वह राज्य के शासन को अपने हाथ में ले ले।

परिणामस्वरूप भारत सरकार ने साँवलदास गाँधी के नेतृत्व में वहाँ तीन सदस्यों वाली लोकप्रिय सरकार स्थापित की। तदोपरान्त फरवरी, 1948 में वहाँ जनमत-संग्रह कराया गया, जिसका सर्वसम्मति से आया परिणाम था कि जूनागढ़ का भारत में विलय हो। इस प्रकार अन्ततः जूनागढ़ भारत में सम्मिलित हुआ। निश्चित ही सरदार पटेल की इस विलय में निर्णायक भूमिका रही थी। इसे इस सन्दर्भ में देखा जा सकता है कि एक तो उन्होंने जूनागढ़ के निकटवर्ती व उसके प्रभाव तथा प्रभुत्व वाले अन्य पाँच राज्यों को उससे मुक्ति दिलाई और उसे दुर्बल किया। भारतीय सेना को इन राज्यों की सुरक्षार्थ लगाया गया, जो एक प्रकार से जूनागढ़ पर बनाया गया दबाव भी था। दूसरे, जनता को गैरसरकारी स्तर पर सहयोग प्रदान करके व उसका मनोबल ऊँचा करके उन्होंने उसे अपने अधिकारों की प्राप्ति करने को

प्रेरित किया। इस सन्दर्भ में विशेष बात उनके उस प्रमुख व ऐतिहासिक निर्णय में थी, जो उन्होंने माउन्टबेटन की सलाह "कि जूनागढ़ व दूसरे राज्यों के विषय को निपटारे के लिए संयुक्त राष्ट्र को सौंप दिया जाए" को न मानने के सन्दर्भ में लिया। इससे, जैसा पहले भी उल्लेख किया, यह विषय शीघ्र सुलझ सका और अन्तर्राष्ट्रीय दाँव-पेंच या राजनीति में नहीं उलझा।

सन्दर्भ :

1. पटेल का चुना हुआ पत्र व्यवहार (खण्ड-प्रथम), पृष्ठ 253 (मुहम्मद अली जिन्ना ने यह स्वीकारोक्ति, एक नवम्बर, 1947 को लार्ड माउन्टबेटन के साथ अपने साढ़े तीन घंटे के वार्तालाप, जो हैदराबाद, जूनागढ़ तथा जम्मू-कश्मीर राज्यों के सन्दर्भ में था, में की थी)।
2. वही उपरोक्त।
3. उपरोक्त।
4. सरदार वल्लभभाई पटेल को 23 सितम्बर, 1947 को एक पत्र लिखकर पण्डित जवाहरलाल नेहरू ने विचार प्रकट किया, "मैं सोचता हूँ कि हमारे लिए यह उचित होगा कि हम जूनागढ़ के विषय में ब्रिटिश सरकार को सन्देश भेज दें ...।" इस पत्र का 24 सितम्बर, 1947 को उत्तर देते हुए सरदार पटेल ने पण्डित नेहरू को लिखा, "मैं निश्चित रूप से नहीं कह सकता कि इस अवसर पर जूनागढ़ के सम्बन्ध में हमें ब्रिटिश सरकार से कुछ कहना चाहिए या नहीं। मैं इस विषय पर विचार करूँगा और (तब) आपको बताऊँगा।" निश्चित ही सरदार पटेल की इच्छा इस सन्दर्भ में ब्रिटेन को, प्रत्यक्ष या अप्रत्यक्ष, किसी भी रूप में, विश्वास में न लेने या उसकी सलाह न लेने की थी। वे इंग्लैण्ड को इस सन्दर्भ में अपनी नीति, योजना या की जाने वाली किसी कार्यवाही की सूचना देने के पक्ष में भी नहीं थे।
5. लार्ड माउन्टबेटन जूनागढ़ और उसके साथ समस्या में फँसे अन्य छोटे

राज्यों का मामला संयुक्त राष्ट्र संघ को सौंपने के पक्षधर थे। इस सन्दर्भ में उनका कहना था, यदि भारत-संघ वहाँ बल-प्रयोग करेगा, तो उसका परिणाम अन्तर्राष्ट्रीय युद्ध में आ सकता है। इससे पाकिस्तान सर्वथा नष्ट हो जाएगा और भारत को दीर्घावधि तक दुर्बल होकर रहना पड़ेगा।"

6. यद्यपि मानवदर के शासक ने अपनी प्रजा की इच्छा के विरुद्ध राज्य का पाकिस्तान में विलय कर दिया था।
7. चूँकि जनता का भारी बहुमत खड़ा हो गया, और वल्लभभाई पटेल का जनता को गैर-सरकारी स्तर पर पूर्णतः सहयोग था; आस-पास के जूनागढ़ के प्रभुत्व व प्रभाव वाले राज्यों पर भारतीय संघ की सेना अधिकार कर चुकी थी, इसलिए जनता के लिए शासक को चुनौती देना व उस पर विजय प्राप्त करना अपेक्षाकृत सरल हो गया था।
8. लगभग एक करोड़ रुपये की राशि, आभूषण आदि।
9. पाकिस्तान के पूर्व प्रधानमंत्री जुल्फिकार अली भुट्टो के पिता व बेनजीर भुट्टो के दादा।

◆◆◆

10

कुछ अन्य निर्णय एवं निष्कर्ष

निर्णय लेना, जैसा कि मैंने इस पुस्तक की प्रस्तावना में लिखा है, सरदार वल्लभभाई पटेल के स्वभाव में था। कदम-कदम पर, सम्पूर्ण जीवन, उन्होंने विभिन्न स्तरों पर निर्णय लिए। उन्हीं में से कुछ प्रमुख निर्णय ऐतिहासिक बने। गत नौ निर्णयों की जो चर्चा मैंने की है, वे सभी भारत के राष्ट्रीय मुक्ति-आन्दोलनकालीन इतिहास का अभिन्न भाग हैं; कदाचित् हजारों वर्ष तक वे निर्णय भारतीयों को, उनके गौरव की पुनर्स्थापना करने के विशेष सन्दर्भ में, सरदार पटेल की याद दिलाते रहेंगे। लेकिन इन निर्णयों की, न्यूनाधिक, भारतीयों को, या दूसरे शब्दों में देश के आमजन को जानकारी है, भले ही जानकारी का स्रोत जो भी हो, और भले ही वह स्रोत प्रामाणिक हो या नहीं। उक्त वर्णित निर्णयों के अतिरिक्त, तो भी कुछ और प्रमुख निर्णय सरदार पटेल ने लिए थे, जिनकी सूचना आज की पीढ़ी को तो है ही नहीं, यद्यपि देश की एकता और अखण्डता के लिए इन निर्णयों की भी महत्ता रही। आइए! इन कुछ निर्णयों की भी अब संक्षिप्त में चर्चा कर लें:

(क) राष्ट्रभाषा हिन्दी

'राष्ट्रभाषा हिन्दी के समक्ष चुनौतियाँ और हमारा दायित्व'

शीर्षक से लिखे गए अपने एक लेख तथा इसी विषय पर कई अवसरों पर दिए गए अपने व्याख्यानों में मैंने कहा है कि हिन्दी भारत की राष्ट्रभाषा बनी, तो इसके लिए गैर हिन्दी-भाषियों ने महत्त्वपूर्ण और निर्णायक भूमिका का निर्वाह किया। सर्वप्रथम, राष्ट्रीय मुक्ति-आन्दोलन के समय महात्मा गाँधी ने हिन्दी के उत्थान और इसके योग्य स्थान की प्राप्ति हेतु जो कार्य किया, वह अद्वितीय था; वास्तव में उस कार्य ने ही इसे तदोपरान्त राष्ट्रीय स्तर पर मान्य करने में प्रमुख भूमिका का निर्वाह किया। इसके बाद, गाँधीजी के सहायकों[1] जिनमें सरदार वल्लभभाई पटेल सर्वप्रमुख थे, ने उस समय, जब हिन्दी को संविधान में राष्ट्रभाषा के रूप में प्रतिष्ठित किया जाना था, निर्णायक भूमिका निभायी।

भारतीय संविधान सभा में हिन्दी को राष्ट्रभाषा के रूप में स्वीकार करने के साथ ही उसे राजभाषा मानने के प्रश्न पर तनिक संशय की स्थिति थी। यह संशय किन लोगों ने उत्पन्न किया? मैं समझता हूँ कि वह उल्लेख किए जाने का अब विषय नहीं है; उसकी अब कोई प्रासंगिकता भी नहीं है। इसी के साथ-साथ संविधान सभा में यह संस्तुति भी की गई थी कि मिली-जुली हिन्दी को राजभाषा के रूप में स्वीकार करते हुए, प्रयोग में लाए जाने वाले हिन्दी अंकों के स्थान पर अरबी अंकों को मान्य किया जाए।

सरदार वल्लभभंाई पटेल ने उक्त दोनों बातों के सम्बन्ध में अपने प्रभाव का प्रयोग किया। सर्वप्रथम, हिन्दी के अंकों के स्थान पर अरबी वर्णमाला तथा भाषा के मिले-जुले स्वरूप के सम्बन्ध में उन्होंने कहा, "कुछ...द्वारा सुझाई गई मिली-जुली भाषा को (स्वीकारने का)

कोई प्रश्न ही उत्पन्न नहीं होता, जिसमें हिन्दी के अंकों के स्थान पर अरबी-अंक स्वीकारने की संस्तुति की गई है।"[2]

उन लोगों, जो हिन्दी को राजभाषा का स्थान मिलने पर, जाने-अनजाने में, संशययुक्त थे, को वल्लभभाई ने स्पष्ट सन्देश दिया, "हिन्दी भारत की राष्ट्रीय अथवा राजभाषा होगी और होनी चाहिए। ... इस प्रश्न पर हम संविधान में कोई असंगति या विरोध नहीं रहने दे सकते...।"[3] वल्लभभाई के इस सन्देश में स्पष्टता थी। उनके सन्देश के बाद सब कुछ अनुकूल बनता गया। यह एक प्रकार से उनका वह निर्णय था, जिसमें देश की एकता एवं उत्तर से दक्षिण व पूर्व से पश्चिम तक के सारे भारतवासियों को व्यावहारिक रूप में जोड़ने की उनकी परिकल्पना छिपी थी। हिन्दी राष्ट्रभाषा और राजभाषा के रूप में सभी देशवासियों के हृदयों को जोड़ने का कार्य करे, इस हेतु वल्लभभाई ने काँग्रेस दल के समक्ष चार सुझाव[4] रखे थे, जो उस समय महत्त्वपूर्ण थे, और वे न्यूनाधिक आज वे भी गाह्य हैं।

(ख) नीलगिरि और फरीदकोट राज्यों पर अधिकार

सरदार पटेल उन अनेक देशी-राज्यों, जिसमें से कई वास्तव में शक्तिशाली थे और जो बड़े भी थे, का संघ में विलय कर सकें; हमने हैदराबाद के विशेष सन्दर्भ में यह बात देखी। नीलगिरि और फरीदकोट बहुत छोटे और अपेक्षाकृत दुर्बल राज्य थे। ऐसे में प्रश्न यह उठता है कि इन राज्यों के विरुद्ध बल-प्रयोग करके और अन्ततः इन पर अधिकार करने के निर्णयों में क्या प्रमुखता तथा ऐतिहासिकता थी?

वास्तव में उन दिनों इन राज्यों ने अपनी क्षमता, जो बहुत कम थी, के विपरीत जाकर भारत सरकार के समक्ष चुनौती प्रस्तुत करने

का प्रयास किया। इसलिए इनके विरुद्ध कार्यवाही करके वल्लभभाई ने यह सन्देश देने का कार्य किया कि कोई भी भारतीय शासन को दुर्बल न माने; यदि कोई उसकी एकता के मार्ग में बाधा उत्पन्न करने का प्रयास करेगा, तो उसे विफल किया जाएगा। उनके इन राज्यों के प्रति कार्यवाही के निर्णय ने वास्तव में अन्य राज्यों को चेतावनी देने का कार्य किया और अन्ततः इतिहास को मोड़ने के उनके महान कार्य में न्यूनाधिक योगदान दिया।

स्वाधीनता के द्वार पर खड़े भारत के अनेक देशी-राज्यों में अपने शासकों से मुक्ति और राष्ट्रीय धारा में प्रवेश के उद्देश्य से जनता ने प्रजा-मण्डल स्थापित किए थे। सरदार पटेल इन मण्डलों के पक्षधर थे; वे एक प्रकार से उनके संरक्षक भी थे। इस वास्तविकता की चर्चा हम पहले ही कर चुके हैं। ऐसे ही एक प्रजा-मण्डल, जो तत्कालीन नीलगिरि राज्य में मुक्ति हेतु संघर्षरत था, पर दबाव बनाने और अन्ततः उसे कुचल डालने के प्रयास में वहाँ के शासक ने असामाजिक तत्त्वों का सहारा लिया। इन तत्त्वों ने वहाँ के किसानों पर अत्याचार प्रारम्भ कर दिए और उनकी भूमि व सम्पत्ति को लूटना शुरू कर दिया। सरदार पटेल ने इसे गम्भीरता से लिया शीघ्र ही पूरे मामले की वास्तविकता का उन्होंने पता लगवाया, और त्वरित निर्णय लेकर बालासोर के जिलाधिकारी को आदेश दिया कि वह नीलगिरि राज्य पर अधिकार कर ले। परिणामतः 14 नवम्बर, 1947 को नीलगिरि पर अधिकार कर लिया गया।

फरीदकोट के शासक प्रजा-मण्डल के बन्दी बनाए गए लोगों के प्रति अत्याचार व निरन्तर दुर्व्यवहार कर रहे थे। राज्य से जनता,

जिसमें अधिकतर मुसलमान थे, शरणार्थियों के रूप में पलायन कर रही थी। शासक, साम्प्रदायिक आधार पर, अपने राज्य के भारत-संघ में विलय हेतु तरह-तरह की शर्तें भी रख रहे थे। ऐसे में सरदार पटेल ने गवर्नर-जनरल और अन्य लोगों से परामर्श कर, तथा उन्हें विश्वास में लेकर फरीदकोट राज्य पर अधिकार करने का आदेश दिया। उस पर अधिकार कर लिया और फिर 30 अगस्त, 1948 को उसे 'पेप्सू'[5] में मिला दिया गया।

इन दो राज्यों के अतिरिक्त पटना और बस्तर के तत्कालीन शासकों,[6] जो भारत विरोधी कार्यवाहियों में संलग्न थे, को वल्लभभाई ने कड़ी चेतावनी भी दी, जिनका वांछित प्रभाव हुआ।

(ग) राज्यपाल और मंत्रिपरिषद के मध्य सम्बन्ध

राज्यों के स्वरूप से सम्बन्धित उपसमिति, जिसे संविधान सभा में अपनी संस्तुतियाँ देनी थी, के सरदार पटेल अध्यक्ष थे। उन्हें, यदि वास्तविकता से देखा जाए तो, इस उपसमिति का विशेष उत्तरदायित्व उनके पूर्व में रहे अनुभवों को दृष्टिगत रखते हुए दिया गया था। जैसा कि विदित है, काँग्रेस संसदीय दल के प्रमुख और 1937 व 1946 में प्रान्तों की काँग्रेसी सरकारों के मुख्य मार्गदर्शक के रूप में वल्लभभाई को अनेक अनुभव हुए, जिनमें कुछ कटु भी थे, जैसा कि मध्य प्रान्त में नारायण भास्कर खरे के प्रकरण में हमने देखा।[7] इस प्रकरण में राज्यपाल की भूमिका, मंत्रिमण्डल व राज्यपाल के मध्य सम्बन्ध और लोकतांत्रिक पद्धति से निर्वाचित प्रतिनिधियों के अधिकारों व दायित्वों से जुड़े कई प्रश्न खड़े हुए थे। सरदार पटेल लोकतांत्रिक कार्य पद्धति में दबाव व हस्तक्षेप के कभी भी पक्ष में नहीं रहे थे।

बात केन्द्र से जुड़ी हो या प्रान्त की सरकार से, उनकी नीति इस विषय में दोनों के लिए एक समान थी। विशेष रूप से प्रान्तों की सरकारों में इसीलिए वे राज्यपाल और मंत्रिमण्डल के सम्बन्धों की स्पष्टता के पक्षधर थे। निश्चित रूप से, चुने हुए प्रतिनिधियों, मंत्रियों, मुख्यमंत्री व राज्यपाल, इन सभी के अपने-अपने अधिकार व कर्तव्य होते हैं, अपने-अपने दायरे होते हैं। सभी अपने-अपने दायरों में रहकर कार्य करें, तालमेल रखें, मर्यादा का पालन करें और इस प्रकार अन्ततः लोकतंत्र के मूल्यों का उल्लंघन न करते हुए, उसे सुदृढ़ता प्रदान करें, ताकि वह सच्चे अर्थों में जनानुकूल हो सके।

अब संविधान सभा को अपनी स्पष्ट संस्तुति में वल्लभभाई ने यह प्रावधान करने को कहा, "शासन चलाने का पूर्ण उत्तरदायित्व मंत्रिमण्डल को दिया जाए। यदि राज्यपाल व मंत्रिमण्डल के मध्य कोई विवाद उत्पन्न हो जाए, तो राज्यपाल उसके परामर्श की अनदेखी न करें।" उनकी संस्तुति के आधार पर ही संविधान में यह व्यवस्था हो सकी। यही नहीं, राज्यपाल प्रान्तीय मंत्रिपरिषद की बैठकों की अध्यक्षता करने की परम्परा, जैसा कि स्वाधीनता के बाद भी प्रान्तों में होता था, को बन्द करे, यह व्यवस्था भी वल्लभभाई ने कराई। राज्यपाल निर्वाचित सरकार के प्रमुख-मुख्यमंत्री की उपस्थिति में प्रशासनिक अधिकारियों से निरन्तर और बड़े पैमाने पर साक्षात्कार करे, यह उचित नहीं, ऐसा मानकर सरदार पटेल ने इस रीति को भी बन्द कराने की बात की। इस सन्दर्भ में समय-समय पर उन्होंने निर्णय लिए और अन्ततः संविधान में इस हेतु प्रावधान कराए। कहना न होगा कि ऐसा करने के पीछे उनकी दृढ़ इच्छा शासन को अधिकाधिक लोकतांत्रिक

बनाने की थी; सरकार पर से दबाव हटाने तथा उसे अनावश्यक हस्तक्षेप से मुक्त करने की रही थी।

2

उपरोक्त वर्णित सारी चर्चा, जो सरदार वल्लभभाई पटेल द्वारा लिए गए प्रमुख निर्णयों, और कुछ उन निर्णयों, जिनके सम्बन्ध में अब लोगों को बहुत कम जानकारी है, यद्यपि वे निर्णय भी उपरान्त लिए गए निर्णयों का आधार बने थे; के सन्दर्भ में की है, यह स्पष्ट करती है कि वे इस दृष्टि से अद्वितीय थे; आज तक भी निर्णय-क्षमता और सुदृढ़ता से उसके पालन में उनकी कोई समानता भारत में नहीं कर पाया है। वास्तव में वल्लभभाई उन्हीं महानतम व्यक्तियों की कड़ी में से एक हैं, जो उचित और त्वरित, लेकिन आवश्यक हो तो धैर्य रखकर भी, निर्णय लेकर समाज और राष्ट्र के भाग्य का निर्माणकर्ता रहे हैं। वे उसी श्रेणी के महामानव हैं, जो जनहितार्थ निर्णय लेकर इतिहास का निर्माण करते हैं, और राष्ट्रवाद की सीढ़ी द्वारा अन्तर्राष्ट्रीयवाद में प्रवेश करते हैं। इस प्रकार वे दुनिया को अनुकरणीय मार्ग दिखाते हैं और उनके द्वारा दिखाए गए मार्ग में संकीर्णता नहीं होती, उसमें कोई टेढ़ा-मेढ़ापन नहीं होता। वह मार्ग स्पष्ट होता है, सदैव कल्याणकारी होता है।

सरदार वल्लभभाई पटेल के ऐतिहासिक निर्णयों को प्रस्तुत करते समय मैंने सत्यतापूर्वक और वास्तविकताओं के आधार पर उस घटनाक्रम का उल्लेख भी किया है, जो उन निर्णयों के लिए जाने का कारण बना। निश्चित रूप से ऐसा करते समय मुझे कुछ स्थानों पर 'हिन्दू' व 'मुसलमान' शब्दों को लिखना पड़ा, यद्यपि लगभग 20 वर्ष

पूर्व अपने पीएच० डी० के शोधकार्य में ऐसा करने से मैंने बचने का प्रयास किया। अब ऐसे शब्दों को प्रयुक्त करना अनिवार्य था, अन्यथा लेखन कार्य स्पष्ट ही नहीं हो पाता। यह सब करने के उपरान्त भी मैं इस निष्कर्ष पर पहुँचा हूँ कि सरदार वल्लभभाई पटेल वास्तव में भारत की संस्कृति के एक सच्चे प्रतिनिधि थे। उन्हें साम्प्रदायिक आधार पर किसी से द्वेष नहीं था, लेकिन जो वास्तव में साम्प्रदायिक हो, या जो राष्ट्रीय हितों के विरुद्ध कार्य करने वाला हो, उसे साम्प्रदायिक कहने या राष्ट्र-विरोधी मानने में उन्हें हिचकिचाहट नहीं थी। कोई, इस हेतु उन्हें 'हिन्दू' कहे, 'कट्टर हिन्दू' कहे या कुछ और माने, इसकी उन्हें कोई चिन्ता भी नहीं थी।

सरदार पटेल दृढ़ निश्चय वाले व्यक्ति थे। वे दृढ़ता के साथ कार्य करने वाले थे। राष्ट्र की सुदृढ़ता के लिए उन्हीं के समान दृढ़-निश्चयवाला व्यक्ति चाहिए और उन्हीं के समान कर्मशील मनुष्य चाहिए। और, सरदार जैसा पुरुष, जो पूर्णतः तथा शुद्धतः राष्ट्रवादी हो, ही अन्तर्राष्ट्रीय स्तर पर स्थिरता एवं शान्ति के निर्माण में सफल हो सकता है, उनके लिए कारगर उपायों को ढूँढने व उन्हें कार्यान्वित करने वाला हो सकता है।

उपरोक्त विश्लेषण में हमें वल्लभभाई की संगठनात्मक योग्यता, अनुशासन के प्रति वचनबद्धता, लोकतांत्रिक मूल्यों के प्रति आस्था, आत्मबलिदान की भावना, स्पष्टवादिता, दूरदर्शिता, और उनके उच्च चारित्रिक गुण का ज्ञान भी हुआ। यही नहीं, एक राजनीतिज्ञ के रूप में समस्याओं को हल करने की उनकी कला और नीति का भी, न्यूनाधिक, परिचय हमें मिला। वे, जैसा कि हमने पाया, अनेक

विशेषताओं से भरपूर थे। यदि ऐसा नहीं होता, तो जितना कार्य करके उन्होंने इतिहास के पृष्ठों में लम्बे काल के लिए अपना नाम स्वर्णाक्षरों में लिखाया, वह नहीं लिखा पाते। मैं समझता हूँ कि सरदार पटेल से बहुत कुछ सीखने की आवश्यकता है; उनकी कार्य पद्धति व नीति से बहुत कुछ परिचय करने व उनके अनुसार कार्य करने की आवश्यकता है।

सन्दर्भ:

1. गाँधीजी के साथ ही उनके सहयोगियों, जो अपने-अपने क्षेत्रों में मान्यता प्राप्त जन-नेता भी थे, ने हिन्दी के प्रचार व प्रसार को राष्ट्रीय मुक्ति-आन्दोलन के एक भाग या कार्यक्रम के रूप में स्वीकार करके इस दिशा में निष्ठापूर्वक कार्य किया। बाबू सुभाषचन्द्र बोस, राजाजी, काकासाहेब गाडगील, कन्हैयालाल मणिकलाल मुंशी, विनोबा भावे, काकासाहेब कालेलकर आदि लोगों का इस सन्दर्भ में विशेष रूप से नाम लिया जा सकता है। ये सभी हिन्दी भाषी क्षेत्रों से नहीं थे।
2. पत्र-व्यवहार भाग-दो, पृष्ठ 513
3. वही उपरोक्त पृष्ठ 512
4. सरदार पटेल ने सुझाया था:

   "(क) देवनागरी लिपि-अक्षर व अंक-दोनों में लिखी जाने वाली हिन्दी राष्ट्रभाषा अथवा राजभाषा के रूप में स्वीकार की जाए;

   "(ख) सरकार को चाहिए कि वह इस बात को सुनिश्चित करने का प्रयत्न करे कि हिन्दी व्यावहारिक सुविधानुसार शीघ्रातिशीघ्र राजभाषा का स्थान प्राप्त करे;

   "(ग) उक्त (ख) में उल्लिखित लक्ष्य को प्राप्त करने के लिए सरकार ऐसे प्रशासनिक उपायों को अंगीकार करेगी, जो (संविधान लागू होने के) दस वर्षोपरान्त हिन्दी को अंग्रेजी का स्थान दिलाने के लिए आवश्यक हो; तथा

"(घ) इस दस वर्ष की अवधि में हिन्दी तथा अंग्रेजी-दोनों-राजभाषा के रूप में स्वीकार की जाएँ। परन्तु एक भाषा का दूसरी को छोड़कर, अथवा दूसरी के साथ-साथ, किस सीमा तक उपयोग किया जाए? यह संसद की अनुपातिक प्रतिनिधित्व के आधार पर चुनी हुई समिति के परामर्श से राष्ट्रपति द्वारा निश्चित किया जाए।"

5. पटियाला और पूर्वी पंजाब के राज्यों का संघ।

6. पटना के शासक ने किसानों को भड़काकर, सरकार द्वारा हीराकुंड बाँध के निर्माणार्थ ली गई भूमि को हथियाने हेतु प्रेरित किया था। बस्तर के शासक, जो अल्पवयस्क थे, ने अपने राज्य की खनिज-सम्पदा को हैदराबाद राज्य के पास गिरवी रखने का क्रम प्रारम्भ किया था। वल्लभभाई ने इस कृत्य की आधिकारिक जाँच कराई और जाँच को सही पाने पर अल्पवयस्क शासक को दिल्ली बुलाकर कड़ी चेतावनी दी।

7. मध्य प्रान्त के उक्त प्रकरण के अतिरिक्त जून, 1947 में इसी प्रान्त में, तथा दिसम्बर, 1947 में मद्रास में भी, कुछ अशोभनीय और मर्यादाओं का उल्लंघन करने वाले प्रकरण सामने आए थे। मध्य प्रान्त में एस० एम० हसन नामक एक मंत्री ने अपने मुख्यमंत्री रविशंकर शुक्ल के विरुद्ध पद पर रहते हुए महात्मा गाँधी को पत्र लिखा और कुछ समाचारपत्रों के प्रतिनिधियों से भेंट करके मुख्यमंत्री के विरुद्ध टीका-टिप्पणी की। सरदार पटेल ने इसे अनुचित तथा मर्यादा का उल्लंघन करने वाला कृत्य माना और एस० एम० हसन को लिखे अपने पत्र में उन्हें उनकी अनुचित कार्यवाही का भान कराया। (इस पत्र के महत्त्व को देखते हुए मैं इसे परिशिष्ट संख्या 9 में ज्यों-का-त्यों दे रहा हूँ)।

मद्रास में मुख्यमंत्री टी० प्रकाशम् ने अपने साथी मंत्री पी० सुब्बारायण से गृह विभाग वापस ले लिया। चूँकि सुब्बारायण एक प्रतिष्ठित और साथ ही वरिष्ठ मंत्री थे, इसलिए उन्हें मुख्यमंत्री की इस कार्यवाही से बहुत बुरा लगा। स्वयं सरदार पटेल को भी यह अच्छा नहीं लगा, लेकिन लोकतांत्रिक मर्यादाओं का पूरा-पूरा ध्यान रखते हुए, उन्होंने इस विषय

में हस्तक्षेप करना उचित नहीं समझा। तो भी प्रान्तीय सरकारों के संचालन या प्रमुख मार्गदर्शक के रूप में उन्होंने मुख्यमंत्री से इस विषय में आख्या माँगी। इसी मध्य टी० प्रकाशम् ने गृह विभाग पुनः सुब्बारायण को दे दिया। मुख्यमंत्री द्वारा सरदार पटेल को जो आख्या भेजी गई, उसमें कुछ तर्क थे, कुछ सच्चाई थी। सरदार पटेल ने इसीलिए आख्या की एक प्रति सुब्बारायण को भेजते हुए 12 दिसम्बर, 1947 को उन्हें यह लिखा कि वे गलती पर हैं तथा उन्हें मुख्यमंत्री को सन्तुष्ट रखना चाहिए, जो उनका अधिकार है। इस पत्र को भी प्रासंगिक मानते हुए मैं परिशिष्ट संख्या दस में रख रहा हूँ।

◆◆◆

11

परिशिष्ट

1

(27 अप्रैल, 1948 को पण्डित जवाहरलाल नेहरू द्वारा डॉ० भीमराव रामजी अम्बेडकर को लिखा गया पत्र)

"आज दोपहर में दिल्ली में आपके उस भाषण की सूचना मैंने पढ़ी, जो आपने हाल में ही लखनऊ में आयोजित संयुक्त प्रान्त की परिगणित जाति के सम्मेलन में दिया। मुझे स्वीकार करना चाहिए कि आपका यह भाषण पढ़कर मुझे आश्चर्य और दुख हुआ। वह मंत्रिमण्डल के तथा उसके सदस्यों के कर्तव्यों के विषयों में कुछ बुनियादी बातें उत्पन्न करता है। उस भाषण में व्यक्तियों पर एवं काँग्रेस संस्था पर आक्रमण किया गया है और काँग्रेसी कार्यकर्ताओं में फूट डालने की अपील की गई है, जो मेरे विचार से केन्द्र सरकार की हाल की नीति-सम्बन्धी उस घोषणा के विरुद्ध है, जो उसने ऐसी साम्प्रदायिक राजनीतिक संस्थाओं के विषय में की है।

"आपने अपने भाषण में यह भी कहा बताया गया है:

"हमारे सामान्य कार्यकर्ताओं में बड़ी संख्या में लोग गद्दार रहे हैं; जब हम उनकी कलई खोल देंगे और अपने आपको सुदृढ़ बनाएँगे, तभी हम कुछ ही दिनों में नेहरू और पटेल का स्थान ले सकेंगें।"

"आख्या में आपके भाषण के अन्य अनेक ऐसे अंश हैं, जो मुझे मंत्रिमण्डल के एक सदस्य के मुँह से अत्यन्त ही आश्चर्यजनक लगते हैं। परन्तु उन्हें मैं यहाँ उद्धृत नहीं करूँगा।

"हमने सरकार में और संविधान सभा में आपके सहयोग का स्वागत किया है, और आपने जो कार्य किया है, उसे मूल्यवान माना है। ऐसा एक भी अवसर मेरे संज्ञान में नहीं है, जब मेरे किसी साथी या मैंने ऐसा कुछ किया हो, जिसे आपके प्रति बरती गई अशिष्टता कहा जा सके। मैंने ऐसी आशा की थी कि आपका यह सहयोग और बढ़ेगा तथा हमें आपके परामर्श व कार्य का लाभ मिलता रहेगा।

"परन्तु आपका भाषण ऐसा है कि उसके लिए मैं कदाचित् ही किसी मंत्री को उत्तरदायी मान सकता हूँ। यह काँग्रेस पर किया गया आक्रमण है, जो वर्तमान सरकार के लिए उत्तरदायी है; यह संयुक्त प्रान्त के मुख्यमंत्री तथा संयुक्त प्रान्त की सरकार पर किया गया प्रहार है; और यह प्रधानमंत्री के रूप में मुझ पर तथा उपप्रधानमंत्री पर किया गया आक्रमण है। आप स्पष्टतः कहते हैं– यदि आपके भाषण की सही आख्या प्रस्तुत की गई हो– कि आपका उद्देश्य हमें धक्का मारकर सरकार से हटाना है। गद्दारों का आपका उल्लेख सम्भवतः हमारे साथी जगजीवनराम और उनके जैसे विचार रखने वालों के बारे में है। यदि ऐसे विचार आपने हमारे समक्ष एकान्त में भी प्रकट किए होते, तो भी स्थिति आपके लिए और मेरे लिए अत्यधिक परेशान करने वाली होती। परन्तु सार्वजनिक रूप में यह बात कहने से तो स्थिति दोगुनी परेशान करने वाली हो गई है। यदि मंत्री इसी भाँति आचरण करें व बोलें, तो मंत्रिमण्डल का कोई औचित्य नहीं रह जाता। (ऐसे में) प्रधानमंत्री भी अपनी दूकान समेट सकता है।

"मैं इस विषय में अधिक कुछ नहीं लिख रहा हूँ; मैंने केवल उस भाषण के गम्भीर परिणाम की ओर ही आपका ध्यान खींचा है, जो आपके द्वारा दिया गया बताया गया है। उसके आधार पर कदाचित् ही सहयोग द्वारा अथवा साथ में मिलकर कोई कार्य हो सकता है। यदि आप मुझे बताएँ कि यह रिपोर्ट सही है अथवा नहीं, तो मैं आपका आभारी रहूँगा।"

2

(27 सितम्बर, 1947 को पण्डित जवाहरलाल नेहरू द्वारा सरदार वल्लभभाई पटेल को लिखा गया पत्र)

"मैं यह पत्र आपको कश्मीर के सम्बन्ध में लिख रहा हूँ। महाजन[1] वहाँ गए, उसके पूर्व ही मैं उनसे मिला था और उनसे वार्तालाप किया था। मुझे प्रतीत हुआ कि उनकी कार्य पद्धति पूर्णतः सफल नहीं हो सकेगी।[2]

"जो अनेक समाचार मुझे मिले हैं, उनसे यह स्पष्ट हो जाता है कि कश्मीर की स्थिति शोचनीय है; वह बिगड़ रही है। मुस्लिम लीग के सदस्य बड़ी संख्या में, पंजाब एवं उत्तर-पश्चिमी सीमा प्रान्त से, कश्मीर राज्य में प्रविष्ट होने की तैयारियाँ कर रहे हैं। शीतकाल प्रारम्भ होने पर कश्मीर का सम्पर्क शेष भारत से पूर्णतः कट जाएगा। तदोपरान्त, जैसा कि स्वाभाविक है, वहाँ पहुँचने का एकमात्र मार्ग झेलम की घाटी द्वारा ही रह जाएगा। जम्मू-मार्ग का शरद ऋतु में उपयोग कठिनाईपूर्वक ही हो सकता है, एवं वायुयानों का आना-जाना भी प्रायः बन्द हो जाता है। अतः महत्त्वपूर्ण (व आवश्यक) यह है कि शीतकाल में उत्पन्न होने वाली परिस्थितियों से पूर्व ही कुछ किया जाए। तात्पर्य यह है कि अक्टूबर के अन्त या अधिक-से-अधिक नवम्बर के प्रारम्भ तक कुछ-न-कुछ किया जाना चाहिए। निश्चित ही, वायु यातायात तो इससे पूर्व भी कठिन हो जाएगा।

"मैं समझता हूँ कि पाकिस्तान की व्यूहरचना अभी तो चुपचाप कश्मीर में घुस जाने की है। जब शरद ऋतु के कारण वह, न्यूनाधिक, भारत से कट जाएगा, उस समय उसकी योजना बड़ी सैन्य-कार्यवाही करने की है।

"पाकिस्तान की व्यूहरचना सफल होगी अथवा नहीं, यह उसका प्रतिकार करने वाली सेनाओं पर निर्भर करेगा। मुझे संदेह है कि महाराजा[3] और उनके राज्य की सेनाएँ जन-सहयोग के बिना स्वतः ही इन

परिस्थितियों का सामना न कर पाएँगी। वे शेष हिन्दुस्तान से पृथक हो जाएँगे, और यदि उनकी अपनी जनता उनके विरुद्ध हो गई, तो ऐसे में उत्पन्न परिस्थितियों का सामना करना उनके लिए अत्यधिक कठिन हो जाएगा। (इसलिए) स्पष्टतः (ऐसे में), एकमात्र दल जो उनका साथ दे सकता है, वह है शेख अब्दुल्ला के नेतृत्व में कार्यरत (नेशनल कॉँफ्रेंस), जो यदि उनके विरुद्ध हो गया, या निष्क्रय ही बन गया, तो महाराजा और उनकी सरकार दोनों अलग-अलग पड़ जाएँगे, परिणामस्वरूप पाकिस्तानियों को अपेक्षाकृत खुला मैदान ही मिल जाएगा।

"अतः यह महत्त्वपूर्ण हो जाता है कि महाराजा द्वारा नेशनल कॉँफ्रेंस के (अन्य) नेताओं को कारागार से मुक्त कर दिया जाए, उनसे मित्रता करने का प्रयत्न किया जाए, उनका सहयोग लिया जाए और इस प्रयत्न की सत्यता का भान उन्हें कराने के उपरान्त (ही) भारतीय संघ के साथ मिलने की घोषणा की जाए। एक बार यदि कश्मीर राज्य भारतीय संघ में सम्मिलित हो जाए, तो फिर पाकिस्तान के लिए भारतीय संघ के संघर्ष में आए बिना, अधिकृत या अनाधिकृत रूप में, कश्मीर पर आक्रमण करना अत्यधिक कठिन हो जाएगा। लेकिन यदि महाराजा ने उक्त कदम उठाने में विलम्ब किया, तो पाकिस्तान विशेष रूप से शरदऋतु में, कश्मीर के भारत से अलग हो जाने की स्थिति में, परिणामों का अधिक भय न रखते हुए, अपनी व्यूहरचना में आगे बढ़ेगा।

"इन परिस्थितियों में मुझे यह अत्यधिक आवश्यक लगता है कि कश्मीर शीघ्र-से-शीघ्र भारत के साथ जुड़ जाए। मेरे मस्तिष्क में यह बात पूर्णतः स्पष्ट है कि यह उसी दशा में एक सीमा तक सफलतापूर्वक हो सकता है, जब महाराजा और नेशनल कॉँफ्रेंस के मध्य मित्रता स्थापित हो जाए, और ये दोनों इस गम्भीर स्थिति का सामना करने के लिए परस्पर सहयोग करें। यह कार्य सरल नहीं है। परन्तु यह इसलिए हो सकता है कि शेख

अब्दुल्ला पाकिस्तान से पृथक रहने को आतुर हैं और विचार-विमर्श के लिए हम पर बहुत निर्भर रहते हैं। साथ ही जब तक अपने समर्थकों के समक्ष कोई ठोस बात वे नहीं रखते, तब तक वे उन्हें सन्तुष्ट नहीं कर सकते। आज की परिस्थितियों में वह क्या हो सकता है? मैं निश्चित रूप से इस समय नहीं बता सकता। लेकिन, फिर भी, मुख्य बात तो यही है कि महाराजा को शेख अब्दुल्ला की सद्भावना और सहयोग प्राप्त करने का प्रयत्न करना चाहिए। कश्मीर की अनेक अल्पसंख्यक जातियों का भी ऐसा ही विश्वास है, जिनके पास कोई अन्य सहारा नही है। यदि राज्य की जनसंख्या का बड़ा भाग महाराजा का समर्थन न करे, तो मैं नहीं मानता कि वे लम्बे काल तक शासन कर सकेंगे। यदि नेशनल कॉंफ्रेंस निराशा व अवसराभाव के कारण निष्क्रिय बनी रहे, तो यह अत्यन्त दुख की बात होगी।

"आज जैसी उलझी हुई स्थिति में क्या होगा? कोई भी इसकी प्रत्याभूति नहीं दे सकता है। परन्तु जो मार्ग मैंने सुझाया है, वही मुझे अधिकाधिक समझदारी से पूर्ण लगता है। उसी से परिणाम निकलने की अधिकाधिक सम्भावना है। अब महत्त्वपूर्ण यह है कि इस कार्य में विलम्ब नहीं होना चाहिए। इसमें समय के महत्त्व को कम करके नहीं आँका जा सकता; यदि विलम्ब किया गया, तो शीतकाल के आगमन से हम कश्मीर से पूर्णतः पृथक हो जाएँगे।

"मैंने उक्त में से अनेक बातें महाजन को समझाने की चेष्टा की, परन्तु मुझे शंका है कि मैंने जो कुछ कहा, उसे आंशिक रूप से ही उन्होंने समझा है। मैं नहीं जानता कि आपने उन्हें क्या परामर्श दिया है? आपका परामर्श स्वाभाविक रूप से महाराजा अथवा महाजन पर बहुत प्रभाव डालेगा।

"इस समय शेख अब्दुल्ला और उनके साथी कारागार में बन्दी हैं। यह स्थिति मुझे भावी गतिविधि के लिए हानिकारक प्रतीत होती है। दुर्भाग्य से महाराजा सरलता से कोई निर्णय नहीं कर सकते हैं।

"मुझे आशा है कि आप इस विषय में कोई ऐसा कदम उठाएँगे, जिससे घटनाओं की गति तीव्र हो तथा वे सही दिशा में मोड़ लें। नेशनल कॉंफ्रेंस के साथ सही व्यवहार किया जाए, तो ऐसा करना हमारे लिए बहुत लाभकारी सिद्ध हो सकता है। इस लाभ को खोना दुखद होगा। शेख अब्दुल्ला ने बारम्बार इस बात का आश्वासन दिया है कि वे सहयोग करना चाहते हैं। यह भी कहा है कि वे मेरे परामर्शानुसार कार्य करेंगे।

"मैं एक बार पुनः कहूँगा कि इस विषय में समय का अत्यधिक महत्त्व है और सब बातें इस ढंग से की जानी चाहिएँ कि शेख अब्दुल्ला के सहयोग से कश्मीर शीघ्रातिशीघ्र भारतीय संघ के साथ जुड़ जाए।"

3

(26 अक्टूबर, 1947 को महाराजा हरि सिंह द्वारा अपने राज्य के भारतीय संघ में जुड़ने व भारत द्वारा उसकी सुरक्षा के सम्बन्ध में लार्ड माउन्टबेटन को लिखा गया पत्र)

"मैं परमश्रेष्ठ से यह निवेदन करता हूँ कि मेरे राज्य में एक गम्भीर संकट खड़ा हो गया है और मैं आपकी सरकार से तत्काल सहायता के लिए प्रार्थना करता हूँ। परमश्रेष्ठ जानते ही हैं कि जम्मू-कश्मीर राज्य भारत अथवा पाकिस्तान में से किसी उपनिवेश के साथ जुड़ा नहीं है। भौगोलिक दृष्टि से मेरा राज्य इन दोनों के साथ जुड़ा हुआ है। इसके अतिरिक्त, मेरे राज्य की सोवियत संघ एवं चीन के साथ समान सीमा है। भारत और पाकिस्तान अपने बाह्य सम्बन्धों में इस सत्य की उपेक्षा नहीं कर सकते हैं। यह निर्णय करने के लिए, कि मैं किस उपनिवेश के साथ जुड़ूँ, मैं (कुछ) समय लेना चाहता था; अथवा क्या यह दोनों उपनिवेशों तथा साथ ही मेरे अपने राज्य के श्रेष्ठ हित में नहीं होगा कि मैं स्वतंत्र रहूँ, और निश्चित

ही दोनों उपनिवेशों के साथ मेरे मैत्रीपूर्ण तथा सामंजस्यमय सम्बन्ध रहें? इसके अनुसार मैंने भारत व पाकिस्तान से अनुरोध किया कि वे मेरे राज्य के साथ यथावत स्थिति का समझौता कर लें। पाकिस्तान सरकार ने इस व्यवस्था को स्वीकार किया। भारत ने मेरी सरकार के प्रतिनिधियों के साथ इस प्रश्न पर अधिक चर्चा करनी चाही। निम्नलिखित घटनाओं के कारण मैं इसकी व्यवस्था नहीं कर सका। वास्तविकता यह है कि पाकिस्तान सरकार यथावत स्थिति से समझौते के अन्तर्गत राज्य में डाक-तार व्यवस्था का संचालन कर रही है। यद्यपि पाकिस्तान सरकार के साथ हमने यथावत स्थिति से सम्बन्धित समझौता किया है, तो भी उस सरकार ने मेरे राज्य में उनके यहाँ (अर्थात पाकिस्तान) से होकर आने वाली वस्तुओं, जैसे कि अन्न, नमक व पैट्रोल आदि को अधिकाधिक मात्रा में रोकने की अपने अधिकारियों को आज्ञा दी है।

अफ्रीदियों, साधारण वस्त्रों में सैनिकों और आततायिओं को आधुनिक शस्त्रों के साथ पुंछ, सियालकोट से सटे क्षेत्र व रामकोट की ओर से हजारा जिले से जुड़े हुए क्षेत्र में, बड़ी संख्या में घुसपैठ कराई गई है। इसका परिणाम यह हुआ है कि सीमित मात्रा में जो सेना राज्य के पास थी, उसे अनेक मोर्चों पर तैनात करना पड़ा तथा उसे अनेक स्थानों पर व्यवस्था बनाए रखने के साथ ही शत्रुओं का सामना भी करना पड़ा है; इससे जन-धन की भयंकर हानि को रोक पाना कठिन हो गया है। 'महूरा पावर-हाउस' की लूट को भी नहीं रोका जा सका, जो समस्त श्रीनगर को विद्युत आपूर्ति करता है; एवं उसे जला दिया गया है। बड़ी मात्रा में किया गया स्त्रियों का अपहरण और उनके साथ किया बलात्कार मेरे हृदय को चूर-चूर कर रहा है। इस प्रकार जिन जंगली शक्तियों को पाकिस्तान ने राज्य में घुसाया है, वे अपने पहले कदम के रूप में मेरे राज्य की ग्रीष्मकालीन राजधानी श्रीनगर पर अधिकार करके, तदोपरान्त सम्पूर्ण राज्य को रौंद देने और

तहस-नहस कर डालने का लक्ष्य सामने रखकर आगे बढ़ रही हैं। उत्तर-पश्चिमी सीमा-प्रान्त के दूर-दूर के क्षेत्रों से आए हुए कबायलियों की, जो नियमित रूप से मोटर-ट्रकों में आ रहे हैं, मनशेरा-मुजफ्फराबाद मार्ग का उपयोग कर रहे हैं, और अद्यतन शस्त्रों से सज्जित होते हैं, सामूहिक घुसपैंठ सीमा-प्रान्त की प्रान्तीय सरकार तथा पाकिस्तान सरकार की सूचना के बिना सम्भव नहीं हो सकती। मेरी सरकार ने इन दोनों सरकारों से बारम्बार अनुरोध किया है, परन्तु इन आक्रमणकारियों को रोकने अथवा मेरे राज्य में घुसपैंठ रोकने का कोई प्रयत्न नहीं किया जाता है। सत्यता यह है कि पाकिस्तानी रेडियो ने तो यह बात भी प्रकट की है कि कश्मीर में एक अस्थायी सरकार स्थापित कर दी गई है। मेरे राज्य की जनता ने, मुसलमानों एवं हिन्दुओं-दोनों में से किसी ने भी इस गड़बड़ी में कोई भागीदारी नहीं की है।

"मेरे राज्य की वर्तमान परिस्थितियों को देखते हुए और आज के घोर संकट पर दृष्टि डालते हुए, मेरे पास भारतीय उपनिवेश से सहायता माँगने के अतिरिक्त कोई दूसरा विकल्प नहीं रह गया है। स्वाभाविक रूप से मेरा राज्य जब तक भारतीय उपनिवेश के साथ न जुड़ जाए, वह मेरी सहायता नहीं कर सकता। इसलिए मैंने भारत के साथ जुड़ने का निर्णय किया है और मैं इस पत्र के साथ आपकी सरकार की स्वीकृति के लिए सम्मिलन का एक अभिलेख भेज रहा हूँ। दूसरा विकल्प अपने राज्य व अपनी प्रजा को लुटेरों व हत्यारों के हाथों में छोड़ देना होगा। इस आधार पर कोई सभ्य सरकार टिक नहीं सकती, या वह कार्य नहीं कर सकती। जब तक मैं इस राज्य का शासक हूँ, और मुझमें इस राज्य की रक्षा करने की शक्ति है, तब तक मैं यह (दूसरा विकल्प) कदापि स्वीकार नहीं कर सकता।"

"मैं परमश्रेष्ठ की सरकार को यह भी बता देना चाहता हूँ कि मेरी इच्छा तुरन्त अन्तरिम सरकार स्थापित करने, और संकट के इन दिनों में

अपने प्रधानमंत्री के साथ शासन का उत्तरदायित्व सँभालने की बात शेख अब्दुल्ला को कहने की है।"

"मेरे राज्य को यदि बचाना है, तो उसे श्रीनगर में तत्काल भारत की सहायता मिलनी चाहिए। श्री वी० पी० मेनन परिस्थिति की गम्भीरता को पूर्णतः जानते हैं; यदि इस सम्बन्ध में अधिक स्पष्टीकरण आवश्यक हो, तो वे आपको यहाँ की स्थिति समझा सकेंगे।"

4

(हैदराबाद राज्य के भारत में विलय के निर्णय को वहाँ की जनता द्वारा तय किए जाने के सम्बन्ध में अपने विचारों का खुलासा करते हुए 24 अगस्त, 1947 को सरदार वल्लभभाई पटेल ने लार्ड माउन्टबेटन को पत्र लिखा, जो निम्नलिखित था)

"हैदराबाद की स्थिति के सम्बन्ध में मैं अत्यन्त ही गम्भीरतापूर्वक सोच रहा हूँ और आप निजाम के प्रतिनिधि-मण्डल से भेंट करें, उसके पूर्व ही मैं आपको अपने विचारों से अवगत करा देना चाहता हूँ।

"मुझे अतिरिक्त इसके कोई अन्य विकल्प दिखाई नहीं देता कि मैं निजाम को भारतीय उपनिवेश में सम्मिलित हो जाने का आग्रह करूँ। तीन विषयों-प्रतिरक्षा, विदेशी मामले और संचार-व्यवस्था के साथ, हैदराबाद राज्य के भारतीय उपनिवेश में सम्मिलन हेतु की जाने वाली व्यवस्था, या विलय सम्बन्धी समझौते में यदि तनिक भी परिवर्तन किया गया, तो वह न केवल मुझे भारत के साथ मिल चुके अन्य राज्यों के प्रति विश्वासघात करने वाला ठहराएगा, अपितु यह छाप भी छोड़ेगा कि भारत में मिलने की अपेक्षा पृथक रहने में ही लाभ है, तथा विलय-प्रक्रिया को कोई विशेष महत्त्व न देकर पृथक

रहते हुए भी लाभदायक स्थिति प्राप्त की जा सकती है। इसका भारतीय उपनिवेश के साथ राज्य के जुड़ने से सम्बन्धित भावी वार्ताओं पर अत्यन्त ही बुरा प्रभाव पड़े बिना नहीं रहेगा।

"हमें यह स्वीकार करना ही होगा कि भारतीय संविधान-सभा में हैदराबाद राज्य ने अपने कोई भी प्रतिनिधि नहीं भेजे हैं, यद्यपि (केवल ऐसा करने) अर्थात संविधान-सभा में अपने प्रतिनिधि भेजने से ही कोई राज्य भारतीय उपनिवेश से जुड़ने को वचनबद्ध नहीं हो जाता। ऐसे प्रतिनिधित्व के लिए राज्य (हैदराबाद) के आमजन की माँग को व्यवस्थित रूप से दबाया गया है। कम-से-कम भारतीय उपनिवेश के साथ संवैधानिक सम्बन्ध स्थापित करने के सन्दर्भ में राज्य का कार्यकलाप हैदराबाद के बहुसंख्यक सम्प्रदाय की स्वाभाविक इच्छा और सहानुभूति की उपेक्षा करके ही चलाया जा रहा है। दूसरी ओर, अल्पसंख्यक सम्प्रदाय को, वहाँ के शासक भी जिसके सदस्य हैं, मनमाने ढंग से कार्य करने दिया जाता है; वह ढंग निश्चित रूप से दबाव और हिंसा का है। मुझे अधिकृत रूप में सूचना प्राप्त हुई है कि इत्तेहाद-उल-मुसलमीन नामक संगठन की इन दिनों की समस्त प्रवृत्तियाँ गैर-मुस्लिम जनसंख्या में भय की भावना को उत्पन्न करने के लिए चलाई गई हैं, जिससे कि पाकिस्तान के साथ सम्भावित मित्रता बनाए रखकर हैदराबाद को स्वतंत्र रखने का उसका आन्दोलन फले-फूले। वह एक युद्ध की प्रकृति वाला संगठन है, जो साम्प्रदायिकता का प्रबल पक्षधर है; और इस प्रकार के संकेत प्राप्त हुए हैं कि इस संगठन को सरकार के भीतर तथा बाहर के प्रसिद्ध (अथवा बड़े-बड़े) मुसलमानों का सक्रिय समर्थन प्राप्त है।

"निश्चित रूप से ऐसी सूचना भी है, जो पर्याप्त रूप से आधारभूत प्रतीत भी होती है, कि स्वयं निजाम भी इस संगठन का समर्थन करते हैं। मुझे (स्वयं) हैदराबाद से इस विषय में भी अत्यन्त विश्वसनीय आख्या प्राप्त हुई है कि हमने राज्य को दो माह के भीतर निर्णय लेने की जो छूट दी है,

उसका उपयोग वार्ताएँ करने के स्थान पर तैयारियों के लिए किया जा रहा है। निजाम का 8 अगस्त, 1947 का प्रकाशित पत्र, 15 अगस्त, 1947 से सम्बन्धित उनके आदेश तथा उस दिन एवं उसके उपरान्त राज्य में घटित घटनाएँ बताती हैं कि इन सभी के पीछे एकमात्र उद्देश्य यथासम्भव, यथाशीघ्र राज्य का स्वतंत्र स्वरूप स्थापित करने का है, ताकि इस दो माह की निर्धारित अवधि के अन्त में हमारे समक्ष वास्तविकताएँ पूर्णतः या लगभग पूर्णतः सिद्ध हो गई दिखाई दें।

"इन परिस्थितियों में मेरा यह दृढ़ विश्वास बन गया है कि अन्य राज्यों और हमारे मध्य हुए विलय से सम्बन्धित समझौते की भाँति हैदराबाद के साथ सम्मिलन-समझौता करने की अपेक्षा अन्य किसी व्यवस्था को स्वीकार करना न तो उचित होगा तथा न ही वह राजनीतिक कुशलता का परिचायक होगा। यदि निजाम के आशय सत्यमय हो, मित्रतापूर्ण हो, और यदि वे अपनी प्रजा के सच्चे विचारों, इच्छाओं व हितों को कार्यरूप देने को तत्पर हों, तो इसमें कोई सन्देह नहीं कि बिना किसी आनाकानी के उन्हें वही मार्ग अपनाना चाहिए, जिसे अन्य राज्यों ने पसन्द किया है। जैसा कि आप जानते हैं, इन राज्यों में ऐसे कुछ मुस्लिम शासक भी हैं, जो अपनी जनता की सहानुभूति से पृथक स्वयं की सहानुभूति में निजाम की स्थिति से भिन्न स्थिति में नहीं हैं।

"परन्तु यदि निजाम की सरकार अभी भी उचित मार्ग अपनाने का निर्णय करने में असमर्थ हो तो निजाम को यह प्रश्न अपनी प्रजा के निर्णय पर छोड़ने की बात स्वीकार करनी चाहिए और (उपरान्त) उसके निर्णय का (उन्हें) पालन करना चाहिए। अपने पक्ष में हम ऐसे जनमत-संग्रह का, जो भी परिणाम आए, उसे स्वीकार करके सन्तोष मानेंगे तथा जनमत-संग्रह की योजनाओं में हमें 'बरार' को भी सम्मिलित करने के लिए तैयार रहना चाहिए।

"परन्तु एक बात पूर्णतः स्पष्ट व निर्विवाद है और वह यह कि मेरे मत में इस प्रश्न पर किसी निर्णय को अधिक (समय तक) टाला नहीं जा सकता है।"

5

(हैदराबाद राज्य काँग्रेस की स्थायी परिषद का प्रस्ताव)

"राज्य की सार्वभौम सत्ता स्वीकार की जानी चाहिए; जनता को स्वतंत्र भारतीय संघ के एक अभिन्न घटक के रूप में हैदराबाद राज्य का ऐसा संविधान तैयार करने का अधिकार दिया जाना चाहिए, जिसमें जनता के मौलिक अधिकारों का समावेश किया गया हो, जिसके बल पर ऐसे लोकतांत्रिक, शान्तिपूर्ण तथा समृद्ध जीवन की ठोस नींव रखी जा सके, जो कष्ट तथा शोषण से मुक्त हो। इस संविधान को महामहिम निजाम के आश्रय में उत्तरदायी सरकार की तथा वयस्क मताधिकार द्वारा चुनी गई और सम्पूर्ण अधिकारों का उपभोग करने वाली विधानसभा की व्यवस्था करनी चाहिए। इसी प्रकार भारत की संविधान सभा के लिए राज्य के प्रतिनिधि जनता द्वारा जनसंख्या के आधार पर चुने जाने चाहिएँ।

"उक्त बिन्दुओं को ध्यान में रखते हुए, राज्य काँग्रेस की स्थायी परिषद राज्य की सुधार योजना[4] को पूर्णतः अस्वीकार करती है और उसे तुरन्त वापस लेने की माँग करती है। स्थायी परिषद अपनी कार्यकारिणी समिति को आदेश देती है कि इस सुधार योजना को व्यावहारिक रूप देने का विरोध करने के लिए और ...मौलिक लोकतांत्रिक अधिकारों की प्रबल रूप से माँग करने के लिए एक कार्य-योजना तैयार करे।

"स्थायी परिषद जनता के मन में यह बात बैठाना चाहती है कि वह सामने खड़े हुए प्रश्नों की गम्भीरता को समझे तथा उनके असाम्प्रदायिक एवं राष्ट्रीय स्वरूप को ध्यान में रखे। भारत जब अपने उज्ज्वल भविष्य की नींव

रखने की तैयारी कर रहा है, उस समय ये समस्त प्रश्न हैदराबाद राज्य के प्रत्येक नागरिक के लिए उतने ही मूलभूत और महत्त्वपूर्ण हैं, जितने की अत्यधिक आवश्यक हैं। इसलिए परिषद जनता का आह्वान करती है कि वह (घोषित) सुधारों का बहिष्कार करे तथा राज्य काँग्रेस के मार्गदर्शन में संघर्ष एवं त्याग करके अपने अधिकारों को प्राप्त करे। परिषद सभी सम्बन्धित लोगों को आग्रहपूर्वक यह भी समझाना चाहती है कि राज्य काँग्रेस द्वारा निर्धारित किया गया यह कदम संस्था के दृष्टिकोण से उन समस्त आन्दोलनों से भिन्न होगा, जो आरम्भ किए जा चुके हैं, अथवा जिन्हें भविष्य में प्रारम्भ किया जाएगा।"

6

(देशी-राज्यों के सम्बन्ध में 5 जुलाई, 1947 को सरदार वल्लभभाई पटेल द्वारा जारी किया गया वक्तव्य)

"कुछ दिन पूर्व यह घोषणा की गई थी कि भारत सरकार ने एक ऐसा विभाग स्थापित करने का निर्णय लिया है, जो देशी-राज्यों के साथ समान हित की बातों में सरकार के सम्बन्धों का परिचालन करेगा। यह विभाग आज अस्तित्व में आ गया है और देशी-राज्यों को इस बात की सूचना दे दी गई है। इस महत्त्वपूर्ण अवसर पर मुझे देशी-राज्यों के राजा-महाराजाओं से कुछ शब्द कहने हैं, जिनमें से अनेक को मैं अपना व्यक्तिगत मित्र मानने में प्रसन्नता का अनुभव करता हूँ।

"यह इतिहास का एक सबक है कि भारत को राजनीतिक दृष्टि से अपनी विभाजित स्थिति के कारण तथा एकत्रित और संगठित होकर आक्रमणकारियों का सामना न कर पाने के कारण पराजय माननी पड़ी थी। हमारे आपसी संघर्ष तथा झगड़े और ईर्ष्या-द्वेष भूतकाल में हमारे अधःपतन के साथ अनेक बार विदेशी प्रभुत्व के शिकार बनने के कारण सिद्ध हुए

हैं। हम एक बार पुनः उन त्रुटियों को दोहराने का अथवा उन फन्दों में फँसने का खतरा मोल नहीं ले सकते। हम स्वतंत्रता की दहलीज पर खड़े हैं। यह सत्य है कि हम पूर्णतः समर्थ (सिद्ध) नहीं हुए। इस बात से हममें से अनेक को घोर निराशा और अतिशय दुख हुआ है कि भारत के कुछ भागों ने इससे बाहर जाकर अपनी स्वतंत्र सरकार बनाना पसन्द किया है। परन्तु इस विषय में कोई सन्देह नहीं है कि इस अलगाव के उपरान्त भी संस्कृति व भावनाओं की सदृश्यता, पारस्परिक हितों के अनिवार्य तर्क से बलवती बनकर, हम सबको प्रभावित करती रहेगी। यह बात देशी-राज्यों के भारी बहुमत पर और भी अधिक लागू होगी, जिन्हें अपनी भौगोलिक निकटता और संलग्नता के कारण भारत के साथ परस्पर मित्रता और सहयोगपूर्ण सम्बन्ध बनाए रखने होंगे। इन राज्यों की, तथा भारत की सुरक्षा एवं संरक्षण, उनके विभिन्न भागों से एकता और पारस्परिक सहयोग का आह्वान करते हैं।

"जब अंग्रेजों ने भारत में अपनी सत्ता स्थापित की, तब उन्होंने सर्वोपरि सत्ता के सिद्धान्त का विकास किया, जिससे ब्रिटिश हितों की भारत पर सर्वोच्चता स्थापित हुई। यह सिद्धान्त अभी तक अनिश्चित तथा अस्पष्ट रहा है; परन्तु उसके व्यवहार में निश्चित रूप से सहयोग की अपेक्षा राज्यों की अधीनता ही अधिक रही है। सर्वोपरि सत्ता के सिद्धान्त के बाहर बहुत विशाल कार्यक्षेत्र ऐसा रहा है, जिससे ब्रिटिश भारत तथा देशी-राज्यों के मध्य के सम्बन्ध प्रबुद्ध पारस्परिक हितों द्वारा परिचालित होते रहे हैं। अब ब्रिटिश शासन भारत में समाप्त हो रहा है, इसलिए यह माँग उठी है कि राज्यों को उनकी स्वतंत्रता पुनः मिल जानी चाहिए। जहाँ तक ब्रिटेन की सर्वोपरि सत्ता का अर्थ देशी-राज्यों का विदेशी सत्ता की इच्छा के समक्ष झुकना होता था, वहाँ तक तो राज्यों की इस माँग के लिए मेरी पूरी सहानुभूति है; परन्तु मैं नहीं मानता कि विदेशी आधिपत्य से मिलने वाली इसी मुक्ति का उपयोग वे इस प्रकार करना चाहते होंगे, जो भारत के सामान्य हितों के लिए

हानिकारक सिद्ध हो, अथवा जो आमजन के हितों एवं कल्याण की अन्तिम सर्वोपरिता के विरुद्ध जाए, या जिसका परिणाम उस परस्पर उपयोगी बनने वाले सम्बन्ध के त्याग में जाए, जो गत शताब्दी में ब्रिटिश भारत तथा देशी-राज्यों के मध्य विकसित हुआ है। इस तथ्य ने इस स्थिति को पर्याप्त रूप से स्पष्ट कर दिया है कि देशी-राज्य बहुत बड़ी संख्या में संविधान सभा में आ चुके हैं। जो राज्य अभी तक इसमें नहीं आए हैं, मैं उनका आह्वान करता हूँ कि वे संविधान सभा में आ जाएँ। राज्यों ने इस मूलभूत सिद्धान्त को स्वीकार कर लिया है कि वे प्रतिरक्षा, विदेशी विषय एवं संचार व्यवस्था- इन तीन विषयों - के साथ भारतीय संघ में मिल जाएँगे। हम इससे अधिक राज्यों से कुछ नहीं चाहते कि वे इन तीन विषयों में भारत के साथ मिल जाएँ, जिनमें देश के समान हित निहित हैं। दूसरे विषयों में हम उनके स्वायत्त अस्तित्व का सावधानीपूर्वक सम्मान करेंगे।

"यह देश अपनी विभिन्न संस्थाओं के साथ उसमें निवासकर्ताओं की गौरवपूर्ण विरासत है। यह एक आकस्मिक घटना है कि कुछ लोग देशी-राज्यों में रहते हैं और कुछ ब्रिटिश-भारत में बसते हैं। परन्तु सभी लोग भारत की संस्कृति एवं चरित्र में समान रूप से भागीदार हैं। हम सब आत्महित से जितने परस्पर रूप में जुड़े हुए हैं, उतने ही रक्त और भावनात्मक बंधनों से भी एक साथ जुड़े हुए हैं। हम लोगों को कोई भी एक-दूसरे से पृथक नहीं कर सकता। हमारे मध्य अलंघ्य दीवारें खड़ी नहीं की जा सकतीं। इसलिए मेरा परामर्श है कि विदेशियों की भाँति आपस में सन्धियाँ करने के स्थान पर मित्रों की भाँति एक साथ मिलकर हम कानून बनाएँ, यह श्रेष्ठ होगा। मैं अपने मित्रों- देशी-राज्यों के शासकों-को तथा उनकी जनता को निमंत्रण देता हूँ कि वे हमारी मातृभूमि की भक्ति से हम सबके कल्याण के लिए प्रेरित होकर, इस संयुक्त प्रयत्न में सहयोग एवं मित्रता की भावना से सम्मिलित होने के लिए, संविधान सभा में आएँ।

"देशी-राज्यों के प्रति काँग्रेस के दृष्टिकोण के सम्बन्ध में बड़ी आशंका फैली हुई दीख पड़ती है। मैं यह बात स्पष्ट कर देना चाहूँगा कि काँग्रेस देशी-राज्यों के आन्तरिक विषयों में किसी भी प्रकार का हस्तक्षेप नहीं करना चाहती। वह राजाशाही की विरोधी नहीं है, अपितु इसके विपरीत इस शासन प्रणाली में वह राजाओं के लिए और उनकी प्रजा के लिए सम्पूर्ण उन्नति, सन्तोष तथा सुख की कामना करती है। मेरी देशी-राज्यों के साथ नए विभाग के सम्बन्धों का परिचालन करने की ऐसी नीति नहीं होगी, जिसमें एक पक्ष का दूसरे पक्ष पर प्रभुत्व स्थापित करने की गंध आए। यदि कोई प्रभुत्व होगा, तो वह हमारे पारस्परिक हितों और कल्याण का होगा।

"हमें कोई स्वार्थ सिद्ध नहीं करना है। हमारा समान उद्देश्य एक-दूसरे के दृष्टिकोण को समझना और ऐसे निर्णयों पर पहुँचना होना चाहिए, जो सबको स्वीकार्य हों और देश के उत्तम हित में हों। इस उद्देश्य से मेरा विचार नए विभाग के प्रशासन से एक ऐसी स्तरीय समिति को जोड़ने की सम्भावना खोजने का है, जो देशी-राज्यों और ब्रिटिश-भारत-दोनों-का प्रतिनिधित्व करे।

"हम भारत के इतिहास में आज एक महत्त्वपूर्ण पड़ाव पर खड़े हैं। अपने समान और संयुक्त प्रयासों से हम अपने देश को एक नई महत्ता प्रदान कर सकते हैं, जबकि हमारी एकता का अभाव हमें नए संकटों का शिकार बना देगा। मुझे आशा है कि भारत के देशी-राज्य यह बात ध्यान में रखेंगे कि सामान्य हित में सहयोग करने का विकल्प है अव्यवस्था और अन्धा-धुन्धी, जो बड़े और छोटे-सभी को समान सर्वनाश का शिकार बनाएगी, यदि हम कम-से-कम समान कार्यों में भी एक साथ मिलकर सहयोग नहीं कर पाएँगे। भावी पीढ़ियाँ हमें यह अभिशाप न दें कि हमें उपयुक्त अवसर तो प्राप्त हुआ, परन्तु हम अपने परस्पर लाभ के लिए उसका उपयोग करने में असफल रहे। इसके अतिरिक्त हम परस्पर लाभकारी सम्बन्धों की ऐसी विरासत को

छोड़ जाने का गौरव प्राप्त करें, जो हमारी इस पवित्र भारत-भूमि को विश्व के राष्ट्रों में उचित स्थान प्राप्त कराए तथा उसे शान्ति और समृद्धि का धाम बना दें।"

7

(वाल्टर मॉन्कटन की टिप्पणी)

"इंग्लैण्ड प्रस्थान करने से पूर्व मैं अपनी (हैदराबाद) राज्य की नीति समझने का और उसकी स्थिति पर अपनी अन्तिम राय प्रकट करने का अवसर चाहता हूँ:

"(क) मेरा उद्‌देश्य ऐसा मार्ग अपनाने का परामर्श देना रहा है, जो हैदराबाद के लिए अधिकाधिक ऐसी वास्तविक और व्यावहारिक स्वाधीनता प्राप्त करने वाला माना जाता है, जिसका राज्य की उन्नति, समृद्धि और सुरक्षा के साथ पूर्णतः तालमेल बैठे।

"(ख) इस ध्येय की प्राप्ति के लिए कार्य करते हुए हमें सही दिशा में वास्तविकताओं को समझाना होगा, उन्हें स्वीकारना होगा और स्मरण रखना होगा कि वे सब स्थायी नहीं हो सकतीं।

"(ग) तात्कालिक तथ्यों पर विजय प्राप्त करने के लिए हमें निम्नलिखित (तीन) वास्तविकताओं को ध्यान में रखना चाहिएः

"1. हैदराबाद हिन्दुस्तान की नाभि में उसकी धरती से घिरा है;

"2. पाकिस्तान अभी पर्याप्ततः इतना स्थिर तथा सुदृढ़ नहीं हो सका है, जिससे कि वह हैदराबाद की कोई ठोस सहायता कर सके; तथा

"3. अतः यदि हैदराबाद को स्वतंत्र रहना है, तो ऐसा वह अपने बल पर कर सकता है।

"(घ) इसी कारण मैं उस नीति के पक्ष में रहा हूँ, जो निजाम ने अपने उन आदेशों, भाषणों और पत्रों में भी अपनाई है, जिसका प्रारूप मैंने उनकी सूचनाओं के आधार पर तैयार किया है। इन सभी को उस एक

पुस्तिका के रूप में प्रकाशित किया जाए, जिसकी प्रस्तावना भी मैंने लिखी है। उस पुस्तिका के आधार पर गत पाँच माह में मेरे द्वारा किए कार्यों का यदि मूल्यांकन किया गया, तो मुझे सन्तोष होगा।

"(च) उक्त नीति का मार्गदर्शन सिद्धान्त यह रहा है कि भारतीय संघ के साथ विलय से सम्बन्धित सन्धि से बचा जाए, लेकिन हमारी भौगोलिक एवं आर्थिक परिस्थितियों की माँग ऐसी नीति को अपनाने की है, जो विलय के अतिरिक्त हर प्रकार से उस भारतीय संघ की शत्रुता नहीं, अपितु सद्भावना तथा सहयोग को हमारे लिए सुनिश्चित करे, जिससे कि हम घिरे हुए हैं। इसलिए मैंने निजाम को यह परामर्श दिया है कि भारतीय उपनिवेश के साथ साहचर्य की सन्धि करने के सम्बन्ध में वार्ता करने का प्रयत्न किया जाए।

"(छ) उक्त वर्णित सन्धि, यदि सन्धि शब्द ऐसे वार्तालाप से दुर्भेद्य बाधाकारी हो, तो साहचर्य के समझौते को पसन्द किए जाने के कारण मुख्यतः निम्न प्रकार से हैं:

"1. सम्मिलन के बिना की जाने वाली सन्धि अथवा समझौता कानून की दृष्टि से हैदराबाद की स्वाधीनता की रक्षा करता है। विपरीत इसके विलय स्वाधीनता को समाप्त करता है तथा उसमें विलीनीकरण या अभिन्न एकता का समावेश होता है; तथा

"2. जब परिस्थितियाँ परिवर्तित हों, अर्थात पाकिस्तान एवं हैदराबाद बहुत बड़ी सीमा तक शक्तिशाली हो जाएँ, तो सन्धि को रद्द किया जा सकता है, या समझौते को समाप्त किया जा सकता है और नई व्यवस्थाएँ की जा सकती हैं। अर्थात यदि इच्छा हो, तो दूसरे उपनिवेश के साथ राज्य के सम्बन्ध सुदृढ़ किए जा सकते हैं और भारतीय उपनिवेश के साथ सम्बन्धों को शिथिल किया जा सकता है। लेकिन एक बार राज्य के भारतीय उपनिवेश में सम्मिलित हो जाने के उपरान्त उससे पृथक होना हैदराबाद के लिए कठिन हो जाएगा।

"(ज) मैं चाहता था कि 15 अगस्त, 1947 के बाद हैदराबाद के लिए यथासम्भव अधिकाधिक समय तक वार्ताओं का क्रम बना रहे। मैं मानता था, तथा (अभी भी) मानता हूँ कि जितनी अधिक वार्ताएँ हों, उतना ही हमें लाभ है क्योंकिः

"1. (इससे) हमें सम्भावित आर्थिक तथा राजनीतिक (रूप में) संघर्ष हेतु तैयारी का समय मिलता है; तथा

"2. हमें यह भी देखने का अवसर, इस काल में, मिल सकता है कि अपनी अनेक आन्तरिक कठिनाइयों में फँसकर भारत हैदराबाद के विरुद्ध अत्यन्त कड़ा दृष्टिकोण (ही) न अपना पाए। पंजाब तथा नई दिल्ली के दंगों में हमें इस तरह के उदाहरण देखने को मिलते हैं।

"(झ) मैं जानता हूँ कि श्री पटेल (वल्लभभाई) हैदराबाद को कोई अधिक समय-अवधि देने के विरुद्ध थे, और हैं, तथा वायसराय लार्ड माउन्टबेटन भारतीय उपनिवेश के मंत्रिमण्डल को दो माह का समय देने के लिए सहमत कर सके थे, जिसमें यह देखा जा सके कि वे और मैं, जो व्यक्तिगत तथा सार्वजनिक रूप से एक-दूसरे के परिचित मित्र रहे हैं, ऐसा कोई समझौता, जो दोनों पक्षों को मान्य हो, कर सकते हैं या नहीं। वायसराय (अब गवर्नर-जनरल) ने स्वतः इसकी सूचना राज्य-परिषद के अध्यक्ष को मौखिक रूप से और निजाम को तार के माध्यम से दे दी थी।

"(ट) दुर्भाग्य से पिछली बार मैं जब उनसे मिला, तो उसके पूर्व ही मैं (परिषद के अध्यक्ष तथा संवैधानिक सदस्य के साथ) राज्य के संगठित मुस्लिम मत का विश्वास खो चुका था। गवर्नर-जनरल ने मुझे बताया कि राज्य के हिन्दू स्वाभाविक रूप से भारतीय संघ के साथ मिलना चाहेंगे, इसलिए वे अधिक सुविधाएँ देकर मुझे सन्तोष प्रदान करने का प्रयत्न करें, तो उससे कोई बड़ा लाभ नहीं होगा। (वह इसलिए) क्योंकि मैं मुसलमानों के लिए बोल नहीं सकता था। गवर्नर-जनरल ने यह भी कहा कि निजाम ने

तार के माध्यम से और पत्र द्वारा सुदृढ़ शब्दों में मुझमें विश्वास व्यक्त किया है, परन्तु वे दिन व्यतीत हुए जब इतना कहना पर्याप्त हो सकता था।

"(ठ) तो भी आज ऐसी स्थिति है कि जिसमें मेरे प्रति मुसलमानों के अविश्वास की बात पुनः दृढ़तापूर्वक कही गई है और मैं इंग्लैण्ड लौट रहा हूँ। परन्तु निजाम ने मुझसे कहा है कि मैं इंग्लैण्ड लौटने से पूर्व परिषद के अध्यक्ष के साथ गवर्नर-जनरल से मिलूँ और उन्हें निजाम का वह पत्र सौंप दूँ, जिसमें भारतीय संघ के साथ हैदराबाद के विलय की बात को असंगत स्वीकारे बिना वार्ताओं का क्रम निरन्तर रखने से मना किया गया है। निजाम चाहते हैं कि सम्भव हो तो मैं सन्धि के आधार पर दिल्ली में वार्ताएँ जारी रखूँ।

"(ड) मैं (उक्त के सन्दर्भ में) यथा-शक्ति प्रयत्न करूँगा, परन्तु मैं मानता हूँ कि सफलता की सम्भावना अत्यधिक कम है। मुझे खेद है, यद्यपि केवल व्यूहात्मक दृष्टि से ही, कि निजाम के इस अन्तिम पत्र का वह अंश अपने उद्‌देश्य में सफल नहीं होगा, जिसमें उस समय तक वार्ताएँ करने से मना किया गया है, जब तक पहले यह न स्वीकार कर लिया जाए कि हैदराबाद भारतीय संघ में सम्मिलित नहीं होगा। विपरीत इसके, मैं इस बात को अधिक पसन्द करूँगा कि विलय स्वीकार न करने के निर्णय को बनाए रखकर भी, इस स्थिति की स्वीकृति को दिल्ली के साथ वार्ताएँ जारी रखने की पूर्व शर्त न बनाई जाए। अधिकांश काँग्रेसी मंत्री, जिनमें सरदार पटेल भी सम्मिलित हैं, प्रसन्न होंगे, यदि ये वार्ताएँ समाप्त हो जाएँ। और, यह पूर्व शर्त उन सबको ऐसा करने का अवसर प्रदान करती है, विशेष रूप में इसलिए कि गवर्नर-जनरल अब मंत्रिमण्डल की बैठकों में उपस्थित नहीं होते।

"(ढ़) अतः मेरे मतानुसार राज्य परिषद को यह स्वीकार कर लेना चाहिए कि ये वार्ताएँ अब समाप्त हो जाएँगी। मैं समझता हूँ कि यदि ऐसा हुआ, तो आज की स्थिति कम-से-कम उस स्थिति से श्रेष्ठ है, जो 15

अगस्त, 1947 को होती। मेरी दृष्टि से अब (भारतीय) संघ की सरकार खुले आर्थिक बहिष्कार की नीति को नहीं अपनाएगी। मैंने इस विषय में गवर्नर-जनरल पर अत्यधिक दबाव डाला है और उन्होंने मेरे द्वारा निजाम से यह कहलवाया है कि वे राज्य पर किसी भी अनुचित दबाव की कार्यवाही में सम्मिलित नहीं होंगे; और इस विषय में उन्होंने अपने मंत्रियों से आवश्यक आश्वासन (भी) प्राप्त कर लिया है।

"(ण) मेरी दृष्टि में अब हैदराबाद को निम्नलिखित बातों का सामना करने के लिए तैयार रहना चाहिए:

"1. राज्य के विरुद्ध भारत, इंग्लैण्ड और अमरीका में किया जाने वाला उग्र प्रचार;

"2. राज्य-काँग्रेस की ओर से कठिनाई का पुनरावर्तन, जिसको सम्भवतः काँग्रेस दल (भारतीय राष्ट्रीय) से आर्थिक सहायता प्राप्त होगी (निश्चित ही औपनिवेशिक सरकार की ओर से नहीं); तथा

"3. बड़े पैमाने पर गुप्त आर्थिक, वित्तीय और व्यापारिक दबाव तथा बाधाएँ।

"(त) लेकिन भय इस बात का है कि भविष्य में यदि राज्य के विरोधी हिन्दुओं के साथ कठोरता बरतनी आवश्यक हुई, तो औपनिवेशिक सरकार को यह कहने का अवसर, वह बाह्य रूप से कितना भी युक्तिसंगत क्यों न हो, मिल सकता है कि वह एक ऐसे राज्य में, जो पूर्णतः उसकी सीमाओं के भीतर है, हिन्दुओं पर किए जाने वाले अत्याचार तथा दुर्व्यवहार को तटस्थ रहकर नहीं देख सकती। उस समय भारत सरकार अन्ततः बलात् हस्तक्षेप कर सकती है। अथवा, यदि राज्य में रेलवे, तार या दूरभाष-व्यवस्था में कोई बाधा उत्पन्न की गई, तो औपनिवेशिक सरकार को इस आधार पर (भी) हस्तक्षेप करने का अवसर मिल सकता है कि यह समस्त संचार-व्यवस्था भारतीय उपनिवेश की सुरक्षा की दृष्टि से अत्यन्त महत्त्वपूर्ण है।

"(थ) निजाम ने मुझसे कहा है कि मैं इंग्लैण्ड में उनके हितों की रक्षा करता रहूँ। मैं इस बात को पूर्णतः ध्यान में रखूँगा कि इंग्लैण्ड, अमरीका तथा यूरोप का अत्यन्त प्रभावशाली राजनीतिक तथा प्रेस वर्तुल निजाम की उस नीति से परिचित रहे, जो प्रकाशित होने वाली पुस्तिका में प्रतिपादित की गई है। मैं आशा करूँगा कि इस उद्देश्य की प्राप्ति के लिए हैदराबाद सरकार समय-समय पर यहाँ की राजनीतिक स्थिति में होने वाले बड़े तथा महत्त्वपूर्ण परिवर्तनों से मुझे अवगत रखेगी।"

8

(26 मई, 1949 को भारतीय संविधान सभा के समक्ष अल्पसंख्यकों, जिसमें साम्प्रदायिक आधार पर पृथक निर्वाचन व्यवस्था या आरक्षण को रद्द किया गया, से सम्बन्धित सरदार वल्लभभाई पटेल द्वारा दिया गया भाषण)

"जब मुझे पिछली बार अल्पसंख्यकों से सम्बन्धित सलाहकार समिति का अध्यक्ष बनाया गया था, उस समय मैं वास्तव में भयभीत था और मैंने भारी हृदय से यह उत्तरदायित्व हाथ में लिया था। मुझे यह प्रतीत हुआ था कि गत अनेक वर्षों से विदेशी शासन के इतिहास के कारण यह कार्य बहुत कठिन है। जिस समय मैंने इस कार्य को हाथ में लिया, उस समय भारत की परिस्थितियाँ अतिशय कठिन थीं और जनता के सभी वर्ग शंका व सन्देह से भरे हुए थे; जनता के अनेक वर्गों में कदाचित् ही कोई विश्वास रह गया था। तो भी मैं यह कह सकता हूँ कि जिस क्षण भारत के शासन की सत्ता देशवासियों को सौंपी गई, उसी क्षण देश में क्रमिक कायापलट प्रारम्भ हो गया और उससे मुझे बहुत प्रोत्साहन मिला। मुझे परस्पर विश्वास की क्रमिक वृद्धि जनता में होती दीख पड़ी।

"जब सर्वप्रथम अल्पसंख्यकों की समिति में इनको अमुक राजनीतिक संरक्षण देने के निर्णयों पर हम पहुँचे, और जब वे प्रस्ताव सदन के समक्ष रखे गए, तब मैं अल्पसंख्यकों की बहुत बड़ी स्वीकृति या सहमति के साथ उन्हें वहाँ लाया था। डॉ० मुखर्जी[5] जैसे कुछ प्रगतिशील, राष्ट्रवादी मानसिकता वाले नेताओं का इससे मतभेद था, जो प्रारम्भ से ही किसी प्रकार के आरक्षण अथवा संरक्षण के विरुद्ध थे। मेरा विश्वास है कि आज यह देखकर उन्हें प्रसन्नता होगी कि उनकी आकांक्षा पूर्ण हो रही है।

"जब मैंने उन प्रस्तावों को इस सदन के समक्ष रखा, उस समय यहाँ लोगों का एक दूसरा वर्ग भी था, जिसे उस दलदल से बाहर निकालना कठिन प्रतीत हुआ था, जिसमें वह गहराई से फँसा हुआ था। मद्रास के एक मित्र ने यहाँ प्रस्ताव रखा था, जिसमें आरक्षण और साम्प्रदायिक निर्वाचन-मण्डलों की बात कही गई थी और जब पृथक साम्प्रदायिक निर्वाचन-मण्डल सम्बन्धी प्रस्ताव रखा गया तब उन महान मुस्लिम नेता ने उसका समर्थन किया, जिन्होंने इस सदन में संविधान के प्रति अपनी निष्ठा की शपथ ली और उसके एकदम बाद बोरिया-बिस्तर बाँधकर कराँची चले गए। अब वे पाकिस्तान में मुस्लिम लीग का कार्य कर रहे हैं। वे यहाँ एक विरासत छोड़ गए हैं, एक शेष रही विरासत शायद मद्रास में छोड़ गए हैं। दुर्भाग्य से पुरानी मुस्लिम लीग का धन बहुत बड़ी मात्रा में मौजूद है-यह अखिल भारतीय मुस्लिम लीग थी। इस राशि का निपटारा करना अभी शेष है; और हमारे कुछ मित्र अभी भी यह दावा करते हैं कि उस बड़ी राशि का एक बड़ा भाग उन्हें मिल सकता है, यदि वे पुरानी लीग को भारत में आज भी बनाए रखने का आग्रह रखें। यदि वह पैसा या उसका बड़ा भाग यहाँ ले आया जाए, तो मुझे शंका है कि उससे उन लोगों को कोई लाभ होगा, जिन्हें वह मिलेगा। जिन लोगों का यह दावा है कि इस देश में दो राष्ट्र हैं, और उन लोगों के मध्य कोई भी वस्तु समान नहीं है, तथा "हमारे पास ऐसा वतन होना चाहिए, जहाँ

हम स्वाधीनता से साँस ले सकें", उन्हें ऐसा करना चाहिए। मैं उन्हें इसके लिए दोष नहीं देता। परन्तु जिन लोगों का अभी यह विचार है कि ऐसे वतन के लिए उन्होंने कार्य किया है, ऐसा वतन उन्होंने पा लिया है और इसलिए उन्हें वही मार्ग यहाँ भी अपनाना चाहिए, उन लोगों से मैं सादर अनुरोध करता हूँ कि वे पाकिस्तान जाकर उस स्वतंत्रता का उपभोग करें और हमें शान्तिपूर्वक रहने के लिए छोड़ दें। जो लोग पृथक प्रतिनिधित्व का दावा करते हैं, उनके लिए भारत में कोई स्थान नहीं है। इस अभागे देश में जब पृथक प्रतिनिधित्व को स्वीकारा गया था, तो उस समय उन लोगों की माँग पर नहीं स्वीकारा गया था, जो उसे (अब) प्रस्तुत करने का दावा करते हैं, परन्तु जैसा कि एक बार मौलाना मुहम्मद अली ने कहा था, वह "राजाज्ञा से किया गया कार्य" था, जिसने अपना उद्देश्य प्राप्त कर लिया, और हम सबने उसके दुष्परिणामों को भोगा है। अब हम पहली बार इस देश के इतिहास के प्रकरण का परिवर्तन करें और 'जन-स्वीकृति' से कार्य करें। मैं इतिहास का मार्ग परिवर्तित करने के लिए इस सदन की स्वीकृति तथा समस्त अल्पसंख्यकों की सहमति चाहता हूँ। आप सबको ऐसा करने का विशेषाधिकार और सम्मान प्राप्त है। आज जो कार्य आप कर रहे हैं; उसे भावी पीढ़ी स्वर्णाक्षरों में लिखेगी; और मुझे आशा एवं विश्वास है कि हम जो कदम आज उठा रहे हैं, वह ऐसा कदम है, जो हमारे देश का चित्र (स्वरूप), इतिहास और चरित्र ही बदल देगा।

"हमारे समक्ष उसी वर्ग द्वारा प्रस्तुत किया गया प्रथम तथा मुख्य संशोधन है, जो उस समय सदन के 1947 के अगस्त के अधिवेशन में अस्वीकार कर दिया गया था। मैं नहीं जानता कि इस समस्त दीर्घकालिक विचार एवं चिन्तन के उपरान्त, तथा इस देश में जो कुछ हुआ है, उसके अनुभव के बाद, अब भी इस प्रकार का संशोधन रखने के उनके दृष्टिकोण में कोई परिवर्तन हुआ है अथवा नहीं। परन्तु मैं इतना (तो) जानता

(ही) हूँ कि उन्हें मुस्लिम लीग की ओर से इस संशोधन को सदन में रखने का आदेश प्राप्त हुआ है। मुझे उनके लिए खेद है। आज यह स्थान आदेशों का पालन करने के लिए नहीं है। आज यह स्थान विवेकानुसार कार्य करने तथा देश के कल्याण के लिए जुटने का है। (यदि) कोई सम्प्रदाय यह सोचे कि उनके हित देश के हितों से भिन्न हैं, तो यह एक बड़ी भूल है। मान लें कि हम आज सुरक्षित स्थानों के प्रस्ताव को स्वीकार कर लेते हैं, तो उस स्थिति में उस कदम के धर्मनिरपेक्ष और लोकतांत्रिक देश में उत्पन्न होने वाले परिणामों के कारण मैं अपने को मुस्लिम सम्प्रदाय का सबसे बड़ा शत्रु समझूँगा। मान लें कि आपको साम्प्रदायिक आधार पर पृथक निर्वाचन-क्षेत्र प्राप्त हो गए, परन्तु उसके उपरान्त क्या आपको केन्द्रीय प्रान्तों के किसी भी मंत्रिमण्डल में कभी कोई स्थान मिल सकेगा? आपका हित हमसे भिन्न है। यहाँ सामूहिक उत्तरदायित्व के आधार पर स्थापित मंत्रिमण्डल अथवा सरकार है, जिसमें निश्चित रूप से ऐसे लोग नहीं आ सकते, जो हममें विश्वास नहीं रखते या बहुमत में विश्वास नहीं रखते हैं; परिणामस्वरूप आपकी सरकार में कोई भागीदारी नहीं होगी। आप स्वयं को पृथक कर लेंगे और सदैव ही अल्पमत में बने रहेंगे। तब आपको क्या लाभ होगा? आप कदाचित् अभी भी यह सोचते हैं कि कोई तीसरी शक्ति ऐसी होगी, जो अल्पमत को बहुमत के विरुद्ध रखने में अपने प्रभाव का उपयोग करेगी और बहुमत को जनसंख्या के अनुपात में अल्पमत के एक या दो मंत्री लेने को विवश करेगी। यह विचार मिथ्या है। जो विचार वर्षों से आपके मस्तिष्क में रहा है, उसे अब पूर्णतः निकाल देना चाहिए। अब हम एक स्वतंत्र देश हैं; अब हम एक सार्वभौमिक सत्तायुक्त राज्य हैं; अब हमारी यह सभा सर्वोच्च सत्ता-सम्पन्न है; अब हम अपनी स्वतंत्र और स्वाधीन इच्छा से अपने भविष्य का निर्माण कर रहे हैं। इसलिए आप कृपा करके भूतकाल को भूल जाएँ; उसे भूलने का प्रयत्न करें। यदि ऐसा करना असम्भव हो, तो आपके लिए

उत्तम स्थान वहीं होगा, जहाँ आपके विचार और आपकी परिकल्पनाएँ आपके लिए उपयोगी सिद्ध हों। मैं उन मुसलमानों के सामान्यतः दीन-समुदायों को कोई हानि नहीं पहुँचाना चाहता, जिन्होंने बड़े-बड़े कष्ट सहे हैं। एक पृथक राज्य और अलग देश प्राप्त करने के लिए आपका जो भी दावा या जो भी यश रहा हो, आपको जो कुछ मिला है, उसके लिए ईश्वर का आशीर्वाद आपको प्राप्त हो। परन्तु आप यह न भूलें कि इसके लिए मुसलमानों को, गरीब तथा कंगाल मुस्लिमों को ...कठिनाइयाँ झेलनी पड़ी हैं। आप उन्हें अपनी कड़ी मेहनत और पसीने का फल शान्ति से भोगने के लिए, कृपा करके, छोड़ दीजिए।

"मुझे स्मरण है कि पिछली बार अगस्त, 1947 में जिस मित्र ने पृथक निर्वाचन-मण्डलों की माँग करने वाला प्रस्ताव संसद में रखा था, उन्होंने, मैं मानता हूँ, यह कहा था कि मुसलमान आज अत्यधिक शक्तिशाली और सुसंगठित अल्पमत हैं। अति प्रसन्नता की बात है। जो अल्पमत बलपूर्वक देश के टुकड़े करा सका, वह वास्तव में अल्पमत है ही नहीं। आप यह क्यों सोचते हैं कि आप अल्पमत हैं? यदि आप शक्तिशाली, एकताबद्ध और सुसंगठित अल्पमत हैं, तो तब आप संरक्षणों (आरक्षण) का दावा क्यों करते हैं? आप (ऐसे में) विशेषाधिकारों की माँग क्यों करते हैं? भारत में जब तीसरा पक्ष था, उस समय ठीक था। परन्तु वह समय तो चला गया। वह एक दुःस्वप्न था और अब उसे पूर्णतः भूल जाना चाहिए। उसके सम्बन्ध में आप अब कभी भी न सोचे; ऐसी कल्पना मत कीजिए कि कोई ऐसा पक्ष यहाँ आएगा, जो तुला के पलड़े हाथ में रखेगा और निरन्तर छल-कपट द्वारा उनमें परिवर्तन करता रहेगा। वह समय अब नहीं रहा। इसलिए किसी भी अल्पमत का भविष्य इसी बात में सुरक्षित है कि वह बहुमत में विश्वास रखे। यदि बहुमत का व्यवहार अनुचित होगा, तो वह स्वतः ही हानि उठाएगा। यदि बहुमत अपने उत्तरदायित्वों को नहीं समझेगा, तो वह इस

देश का दुर्भाग्य होगा। यदि मैं किसी अल्पसंख्यक सम्प्रदाय से होता, तो मैं यह भूल जाता कि मैं अल्पसंख्यक हूँ। किसी भी जाति का सदस्य इस देश का प्रधानमंत्री क्यों नहीं होना चाहिए? श्री नागप्पा, जो आज ब्राह्मणों को चुनौती देते हैं, भारत के प्रधानमंत्री क्यों नहीं बनने चाहिए? मुझे यह सुनकर अत्यधिक प्रसन्नता होती है कि बीस एकड़ भूमि का स्वामित्व उन्हें परिगणित जाति का सदस्य होने का अधिकार नहीं देता। उन्होंने कहा है, "वह मेरा विशेषाधिकार है, क्योंकि मैं परिगणित जाति के व्यक्ति के रूप में उत्पन्न हुआ हूँ। पहले आपको परिगणित जाति में उत्पन्न होना होगा।" यह देखकर मेरा हृदय पुलकित हो गया कि उस नौजवान में सदन के समक्ष आने और परिगणित जाति में उत्पन्न होने के विशेषाधिकार का दावा करने का साहस था। यह कोई अपमान नहीं है; उनका इस देश में सम्माननीय स्थान है। मैं चाहता हूँ कि परिगणित जाति का प्रत्येक व्यक्ति यह अनुभव करे कि वह ब्राह्मण से श्रेष्ठ है; अथवा मैं यह चाहूँगा कि परिगणित जाति का प्रत्येक व्यक्ति और ब्राह्मण यह भूल जाए कि वह परिगणित जाति का व्यक्ति है अथवा ब्राह्मण है, और यह स्वीकार करे कि वे सभी समान और एक-से हैं।

"अब असम के हमारे मित्र श्री सादुल्ला ने यह दावा किया है कि वे यह कहकर किसी गुप्त बात का खुलासा नहीं करते कि वे लोग दिसम्बर या फरवरी में इस प्रश्न पर विचार-विमर्श करने के लिए मिले थे कि सुरक्षित स्थान अल्पसंख्यकों या मुसलमानों के हित में हैं या नहीं। मैं एक बात उनसे पूछूँ: क्या इस प्रश्न पर विचार करने की बात उन्हें मैंने सुझायी थी? यदि इस देश से विदेशी सत्ता के हटने का अदृष्ट प्रभाव उन पर नहीं पड़ा होता, तो वे इस प्रश्न पर विचार करने के लिए एकत्रित क्यों होते? भला इस दृष्टि से उन्होंने विचार करना प्रारम्भ क्यों किया कि सुरक्षित स्थान उनके लिए अधिक लाभप्रद होंगे या नहीं? उन लोगों के मस्तिष्क में सहज रूप से ही यह विचार बढ़ता रहा है, आता रहा है, जो पहले देश के विभाजन की माँग

करते रहे थे। यह स्वाधीनता का सबसे पहला फल है। अब आपके पास सोचने-विचारने के लिए स्वतंत्र और मुक्त मस्तिष्क है और इसलिए आपको ऐसा लगने लगा है कि जो कुछ आपने पूर्व में किया, वह कदाचित् उचित नहीं था। और यह बात अल्पसंख्यकों की समिति के समक्ष प्रस्तुत की गई थी। डॉ० मुखर्जी ने जब अपना प्रस्ताव सदन के समक्ष रखा, तो उस समय बिहार के श्री तजमुल हुसैन ने उठकर संशोधन प्रस्तुत किया कि सुरक्षित स्थानों की बात रद्द होनी चाहिए। समिति में चुनौती देकर पूछा गया कि क्या इस सम्बन्ध में उन्होंने मुस्लिम-सम्प्रदाय के अन्य सदस्यों से परामर्श किया है? तब श्री तजमुल हुसैन ने प्रान्तों के जिन मुस्लिम प्रतिनिधियों के साथ विचार-विमर्श किया था, उनके उदाहरण सन्दर्भ सहित प्रस्तुत किए। हमने तब भी तुरन्त कोई निर्णय नहीं किया। मैंने कहा कि इस समिति को मैं परामर्श दूँगा कि इस प्रश्न को अभी वह स्थगित रखें और सभी अल्पसंख्यक प्रतिनिधियों से कहें कि वे अपने निर्वाचन क्षेत्रों के लोगों से परामर्श करें और उनकी राय जानें कि वे वास्तव में क्या चाहते हैं? उपरान्त हमें लगभग चार माह का समय मिला। परन्तु दुर्भाग्य से सादुल्ला साहब उपस्थित नहीं थे, या वे दिखाई नहीं दिए, परन्तु जो अभिप्राय अथवा लोगों के मत उन्होंने एकत्रित किए होंगे, वे उन्हीं के पास रहे। उन्होंने वे मत हमारे पास पहुँचाए भी नहीं। उन्होंने कहा कि दिसम्बर अथवा फरवरी की बैठक में केवल चार व्यक्ति ही उपस्थित थे, जिनमें से मौलाना आजाद (मैं नहीं जानता कि मौलाना आजाद से विचार-विमर्श किया गया अथवा नहीं) तटस्थ रहे थे। वे मौलाना आजाद को मुझसे अधिक जानने का दावा करते हैं। लेकिन मैं उनसे कह सकता हूँ कि मौलाना आजाद शून्य-समान नहीं हैं। उनके पास विवेक-बुद्धि है, निर्णय-शक्ति है। यदि उन्हें प्रतीत होता कि मुसलमानों के लिए सुरक्षित स्थानों की व्यवस्था न करने की बात उनके सम्प्रदाय के हितों के विरुद्ध है, तो तुरन्त ही उन्होंने ऐसा कहा होता, और उसका विरोध किया होता।

परन्तु मौलाना आजाद ने ऐसा नहीं किया, क्योंकि वे जानते थे और मानते थे कि जो कुछ किया जा रहा है, वही सही है। इसलिए यदि सादुल्ला साहब मौलाना आजाद के मौन का अर्थ तटस्थता लगाते हैं, तो वे बड़ी भूल करते हैं। इसका कारण यह है कि मौलाना आजाद एक ऐसे व्यक्ति हैं, जो जीवन भर सारे सम्प्रदाय के विरुद्ध खड़े रहे हैं, और संकटों के समय भी उन्होंने अपने विचारों और सिद्धान्तों को नहीं बदला। मेरा विश्वास है कि यदि उन्होंने देश के विभाजन का दावा किया होता या उसके लिए कार्य किया होता, और यदि कभी भी उनका यह विश्वास रहा होता कि भारत दो राष्ट्रों का देश है, तो विभाजनोपरान्त वे हिन्दुस्तान में नहीं रहे होते; क्योंकि यदि उन्हें यह विश्वास रहा होता कि उनका राष्ट्र अलग है, तो वे यहाँ ठहर ही नहीं सकते थे।

"परन्तु कुछ लोग ऐसे हैं कि जिन्होंने देश के विभाजन के लिए कार्य किया है, जिन्होंने जीवनभर यह दावा किया कि दो राष्ट्र एक-दूसरे से भिन्न हैं और फिर भी वे बचे हुए राष्ट्र का प्रतिनिधित्व करने का दावा करते हैं। मुझे आश्चर्य होता है कि सादुल्ला साहब अब इस देश में विशाल मुस्लिम समुदायों का प्रतिनिधित्व करने का दावा करते हैं। वे कैसे कर सकते हैं? उनके इस दावे से मैं आश्चर्यचकित हो जाता हूँ। दूसरी ओर, मैं स्वयं इस देश में उनसे कहीं श्रेष्ठ मुसलमानों का प्रतिनिधित्व करता हूँ। उन्होंने जीवनभर जिस कार्य-पद्धति का अनुसरण किया है, उससे वे कभी भी मुसलमानों का प्रतिनिधित्व नहीं कर सकते हैं। उन्हें इस कार्य-पद्धति को परिवर्तित कर देना चाहिए। वे यह कहते हैं कि उन्हें सुरक्षित स्थानों की कोई चाह नहीं है; असम इसे नहीं चाहता है। तब इसे कौन चाहता है? क्या भारत के मुसलमान इसे चाहते हैं? क्या यह सदन इस प्रश्न का निपटारा उसी पद्धति से करना चाहता है? सादुल्ला कहते हैं कि यदि इस सदन में अल्पमत के, अथवा मुसलमानों के मत उनके प्रस्ताव के विरुद्ध रहें, तो वे उस

निर्णय को स्वीकार कर लेंगे। परन्तु (अब) वे इस सदन में मुसलमानों की राय (तो) जान (ही) चुके हैं। अब उन्हें अपनी राय बदल देनी चाहिए।

"हम भारी संकटों के मध्य से अपनी नैया खे रहे हैं और इतिहास की दिशा को परिवर्तित कर रहे हैं। हम पर जो उत्तरदायित्व हैं, वे बहुत बड़े हैं। इसलिए मैं आपमें से प्रत्येक सदस्य का आह्वान करता हूँ कि मत देने से पूर्व आप सोचें, अपनी अन्तरात्मा को टटोलें और विचार करें कि भविष्य में इस देश का क्या होगा? एक स्वतंत्र देश के नाते इस देश का भावी आकार उससे भिन्न होगा, जो देश के विभाजन के लिए कार्य करने वाले लोगों ने सोच रखा था। इसलिए जिन लोगों ने विभाजन के लिए कार्य किया था, उनसे मैं कहूँगा कि वे यह ध्यान में रखें कि अब समय परिवर्तित हो गया है, परिस्थितियाँ बदल गई हैं और दुनिया भी बदल गई है; इसलिए यदि वे मुक्ति चाहते हैं, तो उन्हें भी बदल जाना चाहिए। अब मेरे लिए पृथक निर्वाचक-मण्डलों के प्रश्न पर कोई समय नष्ट करना आवश्यक नहीं है।"

"हमारे मित्र श्री लारी ने एक दूसरा संशोधन रखा है। वे कहते हैं कि समिति का दृष्टिकोण सही है। वे इस बात को स्वीकार करते हैं, यह मेरे लिए प्रसन्नता का विषय हैं। समिति अवास्तविक दृष्टिकोण के साथ बैठे, तो उसका कोई अर्थ नहीं है। समिति ने यह प्रश्न अल्पसंख्यकों पर छोड़ दिया था। हमने इस सम्बन्ध में कोई पहल नहीं की। प्रथम बार जब मैंने अल्पसंख्यकों के लिए सुरक्षित स्थानों से सम्बन्धित प्रस्तावों की रूपरेखा तैयार की थी, तब मैंने समिति में सम्मिलित अल्पसंख्यकों के बड़े-से-बड़े बहुमत की राय लेने का प्रयत्न किया था। मैं अल्पसंख्यकों की भावनाओं को ठेस नहीं पहुँचाना चाहता था। इस सदन के एक प्रतिनिधि के रूप में मेरा निरन्तर यह देखने का प्रयत्न रहा है कि अल्पमत को कोई कष्ट अनुभव न हो। यदि आज भी कोई छूट दी जाती है, तो उसका एकमात्र उद्‌देश्य इस सदन के छोटे-से-छोटे समूह के सन्देहों को भी दूर करना होता है; क्योंकि मैं मानता हूँ कि

असन्तुष्ट अल्पमत एक बोझ और खतरा है, और हमें तब तक किसी अल्पमत की भावनाओं कों चोट पहुँचाने की दिशा में कुछ नहीं करना चाहिए, जब तक वे अनुचित न हों। परन्तु जब श्री लारी कहते हैं कि हमें आनुपातिक प्रतिनिधित्व की प्रथा प्रारम्भ करनी चाहिए, तो मुझे उनसे कहना होगा कि यह कोई नई बात नहीं है। इसका आरम्भ आयरलैण्ड में हुआ था और इस समय यह प्रथा स्विटजरलैण्ड में तथा कुछ अन्य देशों में भी प्रचलित है। मैं श्री लारी को यह बता दूँ कि आयरलैण्ड उत्तर प्रदेश के एक जनपद के समान भी नहीं है। अकेला गोरखपुर जनपद ही आयरलैण्ड से बड़ा है। हमारा देश विशाल है, जिसमें जनता के विशाल जनसमूह रहते हैं। हमने भारत में वयस्क मताधिकार को प्रारम्भ किया है, जहाँ अत्यधिक निरक्षरता है। इसलिए यह प्रत्यक्ष मतदान की सरल पद्धति भी त्रस्त करने वाली है। ऐसी स्थिति में इस तरह की उलझी हुई व्यवस्था को प्रारम्भ करना उचित नहीं है। इस संविधान में ऐसी उलझनों को सम्मिलित करना हानिकारक होगा। इसलिए यदि श्री लारी यह स्वीकार करते हैं कि स्थान सुरक्षित रखने की प्रथा बुरी है, तो उन्हें पिछले द्वार से उसे पुनः प्रवेश कराने का प्रयास नहीं करना चाहिए। (वे) आज की स्थिति को ही बना रहने दें। हम पर विश्वास रखिए और देखिए कि क्या होता है? एक माह पूर्व अहमदाबाद नगरपालिका के चुनावों में मैंने पाया कि सारे मुसलमानों ने सामान्य निर्वाचन क्षेत्रों से चुनाव लड़ा; और यद्यपि मुस्लिम लीग से धन प्राप्तकर्ताओं ने उनका विरोध किया, तो भी उनमें से प्रत्येक मुसलमान निर्वाचित हुआ, और अनुसूचित जातियों को उनकी निर्धारित संख्या से भी एक स्थान अधिक प्राप्त हुआ। मुक्त तथा स्वतंत्र चुनावों ने यह सिद्ध कर दिया है कि सुरक्षित स्थानों या इसी प्रकार की कोई अन्य व्यवस्था हमारे लिए हानिकारक है। यदि हम इस बात का निपटारा स्वयं बहुमत और अल्पमत के हाथों में ही छोड़ दें, तो वे ऐसा कर लेंगे और उसका श्रेय सबको प्राप्त होगा। आप डरते क्यों हैं? कल तो आप कह रहे थे कि आपका

अल्पमत बड़ा और सुसंगठित है। फिर आपको डर किस बात का है? अन्यों के साथ मित्रता कीजिए और वातावरण को बदल दीजिए। तब आपको आपके भाग से अधिक मिलेगा; यदि देश के लिए वास्तव में आपकी वही भावना है, जो अन्यों की है। अब जहाँ तक मुसलमानों का प्रश्न है, मैं नहीं मानता कि दूसरे किसी मुद्दे का उत्तर देना शेष रहता है। मुसलमानों के अधिकांश सुयोग्य प्रतिनिधियों ने सदन में अन्य प्रतिनिधियों द्वारा किए गए दावों का भण्डाफोड़ कर दिया है; इसलिए इस विषय में अधिक कुछ कहना मेरे लिए आवश्यक नहीं है।

"अब दूसरा प्रश्न सिक्खों का है। मेरे मन में सदा ही सिक्खों के प्रति आदर, सम्मान और प्रशंसा का भाव रहा है। मैं उनका मित्र रहा हूँ, यद्यपि कभी-कभी उन्होंने इस बात से मना किया है। इस अवसर पर भी मैंने उन्हें परामर्श दिया है कि यदि वे आरक्षण का आग्रह करेंगे, तो उन्हें मैं आरक्षण दूँगा और समिति को भी यह स्वीकार करने के लिए समझाऊँगा। परन्तु मुझे निश्चित रूप से ऐसा लगता है कि यह बात उनके हित में नहीं है। परन्तु इसका निर्णय उन्हें करना है। मैं इसे उन्हीं पर छोड़ता हूँ। यह रियायत अनुसूचित जाति के सिक्खों के लिए माँगना शोभाजनक नहीं है। उन्होंने महाराजा रणजीत सिंह का उदाहरण दिया है, जिन्होंने परिगणित जातियों की बड़ी सहायता की थी। परिगणित जातियों के हाथ में भला कौन-सा साम्राज्य था? वे लोग अधिक-से-अधिक पद्दलित रहे हैं; उनको समाज में धूल की भाँति बिल्कुल तुच्छ माना गया है। हमारी बड़ी-बड़ी बातों के उपरान्त भी आज उनकी स्थिति कैसी है? उनमें से कुछ लोग जीवट वाले और साहसी हो सकते हैं। परन्तु उनमें से दस हजार लोग तीन दिन में ईसाई बना लिए गए थे। आप बीदर जाइए और देखिए! क्या यह धर्म-परिवर्तन है? नहीं, उन्हें यह भय था कि रजाकारों के साथ उनके अपराधों में सम्मिलित होने के कारण उन्हें बन्दी बना लिया जाएगा। उन्होंने कुछ अपराध किए हैं। उन्होंने

सोचा कि उन्हें कारागार जाने से बचाने वाले बड़े मिशन उनकी सहायता कर रहे हैं। इस समय अनुसूचित जातियों में धर्म-परिवर्तन हुए। परन्तु धर्म-परिवर्तन की बात छोड़ दें, तो मैं आप से पूछता हूँ कि क्या आप कभी एक घंटे के लिए भी किसी भंगी के घर में ठहरे हैं? उनके पास कोई ऐसा स्थान है, जिसे वे अपना देश कह सकें? यद्यपि श्री नागप्पा ने कहा था, "भारत मेरा है।" यह बहुत अच्छी बात है। मुझे इस पर गर्व है। परन्तु इन गरीबों को निरन्तर दबाया व कुचला जाता है; उन्हें किसी ने अभी तक बचाया नहीं है और न ही संरक्षण प्रदान किया है। हम उनके संरक्षक हैं। हमने 'पूना-समझौते' में उन्हें रक्षा का वचन दिया था। क्या वह वचन हमने पूर्ण किया है? हमें स्वीकार करना चाहिए कि हम अपराधी हैं। और, आपकी सूचना के लिए मैं आपको बताऊँ कि देश के दूसरे भाग में हजारोंजन ऐसे हैं, जो भारत में आना चाहते हैं, परन्तु उन्हें आने नहीं दिया जाता। वे वापस नहीं आ सकते और दुर्भाग्य से हम उनकी सहायता करने में असमर्थ हैं। तो अनुसूचित जातियों की यह दशा है। ऐसे लोग तो वे नहीं है, जो अपने पास कटार रखते हैं। उनका समुदाय सिक्खों से पृथक ही है। परन्तु कृपाण या तलवार रखना और मन में भय रखना, इन दो बातों में कोई सामंजस्य नहीं है। इसकी प्रतिक्रिया आपके उद्‌देश्य के लिए हानिकारिक सिद्ध हो सकती है। सिक्खों को यह सुविधा मिले, इससे मुझे कोई नाराजगी नहीं है। मैं सिक्खों से कहूँगा कि वे देश का अधिकार अपने हाथ में ले लें और उस पर शासन करें। वे शासन कर सकते हैं, क्योंकि उनमें ऐसा करने की योग्यता तथा क्षमता है; उनके पास इसके साधन हैं और उनमें साहस है। किसी भी क्षेत्र में- कृषि या उद्योग में, इंजीनियरी अथवा सेना में- जीवन के किसी भी व्यवसाय में आपने अपनी योग्यता व क्षमता को सिद्ध कर दिखाया है। आप स्वयं को इतना नीचा क्यों समझने लगे हैं? इसलिए मैं अनुसूचित जाति के लोगों से भी कहता हूँ कि वे यह भूल जाएँ कि वे अनुसूचित जातियों से

हैं। इस बात को भूलना उनके लिए कठिन है, परन्तु सिक्खों के लिए ऐसा करना कठिन नहीं है। अतः जब हमारे द्वारा दी गई सुविधा को कृतज्ञतापूर्वक स्वीकार करते हैं, तो मैं भी आपका आभार मानता हूँ। हम इस देश में शान्ति और सामंजस्य का वातावरण चाहते हैं, सन्देह का नहीं; और हम विश्वास का वातावरण चाहते हैं। हम आगे बढ़ना चाहते हैं, अपना विकास करना चाहते हैं। भारत में आज रक्त की कमी है। वह पूर्णतः रक्तहीन हो गया है। जब तक आप उसकी नाड़ियों में रक्त न पहुँचाएँगे तब तक यदि आप सुरक्षित स्थानों की सुविधा हेतु लड़ेंगे, तो भी आपको कुछ न मिलेगा। हमें पुरानी नींव पर इस देश की रचना करनी है। जैसा कि मैंने आपसे कहा है, जिस दिन मुझे इस समिति का अध्यक्ष नियुक्त किया था, उस दिन मैं भयभीत था, परन्तु मुझे गौरवानुभव हो रहा था; और आज भी मैं इसके लिए गौरव का अनुभव कर रहा हूँ, आशा है कि यह सदन भी गौरव का अनुभव करेगा कि हम लगभग सर्वसम्मति से अपने संविधान के पुराने कलंक को दूर कर सके हैं. .. और ईश्वर की कृपा तथा सर्वशक्तिमान भगवान के आशीर्वाद से सत्यमय धर्मनिरपेक्ष लोकतांत्रिक राज्य की नींव रख सके हैं, जिसमें प्रत्येक नागरिक को जीवन के समान अवसर प्राप्त हैं। प्रभु हमें राष्ट्र के प्रत्येक वर्ग के लोगों के साथ न्याय करने की सद्बुद्धि और साहस प्रदान करें।"

9

(एस० एम० हसन को सरदार पटेल द्वारा 6 जुलाई, 1947 को लिखा गया पत्र)

"मुझे आपका ...पत्र मिला है। मैं यह नहीं समझ सकता कि इस सम्बन्ध में मुख्यमंत्री के विरुद्ध आपके व्यक्तिगत विचार अथवा आपकी व्यक्तिगत शिकायत समाचारपत्रों में कैसे पहुँच गई? यदि आप समाचारपत्रों द्वारा इस विषय के प्रचारार्थ स्वयं सीधे रूप में उत्तरदायी न हों, तो आपने निश्चित रूप से अपने मित्रों में इसकी चर्चा की होगी और इस प्रकार इसके

प्रचार में अप्रत्यक्ष रूप से सहायता की होगी। और कोई आधार तो इसके लिए हो नहीं सकता। (अब) आपको अवश्य ही अपने मुख्यमंत्री से सम्बन्ध सामान्य कर लेने चाहिएँ।

"हर स्थिति में यह देखना आपका कर्तव्य है कि मुख्यमंत्री का आपमें विश्वास पुनः स्थापित हो। ऐसा न हो तो सामूहिक उत्तरदायित्व की भावना से कार्य करा पाना असम्भव होगा, जो मंत्रिमण्डल के कार्य-संचालनार्थ आवश्यक है।

"आपने यह विषय गाँधीजी के समक्ष रखा, इसके सम्बन्ध में मुझे कोई आपत्ति नहीं है; मेरी आपत्ति उस प्रचार के सम्बन्ध में है, जो आपने अपने मुख्यमंत्री के विरुद्ध अपनी स्वीकार की गई शिकायत के आधार पर, प्रत्यक्ष या अप्रत्यक्ष रूप में, किया है। इसके अतिरिक्त मेरी निश्चित आपत्ति तो इस बात के लिए है कि आपने अपने मुख्यमंत्री का विश्वास खो दिया है। इसलिए यह अत्यन्त आवश्यक है कि आप तुरन्त उस विश्वास को पुनः प्राप्त करने के लिए अनिवार्य कदम उठाएँ। इस बात का कोई अधिक महत्त्व नहीं है कि इसमें दोष किसका है? वास्तविकता यह है कि आपने उनका विश्वास खो दिया है और ऐसी स्थिति निरन्तर नहीं बनी रहने दी जा सकती है...।"

10

(12 दिसम्बर, 1947 को सरदार वल्लभभाई पटेल द्वारा पी० सुब्बारायन को लिखा गया पत्र)

"...यह देखकर मुझे तनिक दुख हुआ कि आपके कुछ कार्य जाँच करने के उपरान्त उचित सिद्ध नहीं होंगे। जिस ढंग से आपने एक विचाराधीन विषय में हस्तक्षेप किया तथा जिस ढंग से आपने पुलिस-महानिरीक्षक के परामर्श के बिना पदच्युत पुलिस अधिकारियों की पुनः नियुक्तियाँ कीं, उसने मुझे विशेष रूप से परेशानी में डाला है। आप निश्चित रूप से यह

मानेंगे कि पुलिस-विभाग में ऐसे लोगों को रखना आवश्यक है, जो ईमानदार तथा सच्चे हैं। इसके अतिरिक्त, मेरे लिए इस बात पर कदाचित् बल देना आवश्यक है कि पुलिस-दल में अनुशासन का पालन अत्यन्त आवश्यक हो। यदि पुलिस-महानिरीक्षक के परामर्श की इस प्रकार उपेक्षा की जाए, तो स्पष्ट है कि अनुशासन की रक्षा नहीं की जा सकती। यदि हम पुलिस विभाग के प्रमुख को अपना विश्वास देने के लिए तैयार न हों, और उसके निर्णय में विश्वास न रखें, तो उच्चस्तरीय पुलिस प्रशासन को बनाए रखना असम्भव है।

"मुझे यह भी प्रतीत होता है कि पुलिस-प्रशासन को बहुत कुछ सुगठित करने की आवश्यकता है; विशेष रूप से हैदराबाद में सम्भावित विस्फोटक स्थिति और मोपलास्तान की माँग को देखते हुए ऐसा करना अनिवार्य है। मुझे आशा है कि आप इस नीति का उत्साह के साथ पूर्णतः अनुसरण करेंगे और यह ध्यान रखेंगे कि पुलिस विभाग का ढाँचा आवश्यकताओं से पीछे न रहे।

"इसके अतिरिक्त मैं अधिक कुछ नहीं कहूँगा। मैं (तो भी) आशा करूँगा कि मुख्यमंत्री के साथ आपके सम्बन्ध मैत्रीपूर्ण बने रहेंगे और आप उन्हें किसी भी प्रकार से असन्तोष अनुभव करने का अवसर नहीं देंगे।"

सन्दर्भ :

1. मेहरचन्द महाजन, जो उस समय जम्मू-कश्मीर राज्य के प्रधानमंत्री थे। इससे पूर्व वे पंजाब उच्च न्यायालय के न्यायाधीश रहे थे और बाद में बीकानेर के महाराजा के प्रमुख सलाहकार भी रहे थे।
2. जम्मू-कश्मीर राज्य में उत्पन्न गम्भीर परिस्थितियों पर नियंत्रण करने के सन्दर्भ में।
3. हरि सिंह।
4. 21 जुलाई, 1946 को घोषित हैदराबाद राज्य के संवैधानिक सुधारों से सम्बन्धित योजना, जिसमें हिन्दुओं एवं मुसलमानों-दोनों- के लिए विधान सभा में बराबर-बराबर स्थानों की व्यवस्था की गई थी।
5. डॉ० श्यामा प्रसाद मुखर्जी।

◆◆◆

व्यक्ति परिचय

व्यक्ति	परिचय
अकबर हैदरी	'इण्डियन सिविल सर्विस' के एक अधिकारी; हैदराबाद राज्य के प्रधानमंत्री; भारत की स्वाधीनता के उपरान्त असम प्रान्त के राज्यपाल रहे।
अबुल कलाम आजाद	वरिष्ठ स्वाधीनता सेनानी, 'अल-हिलाल' व 'अल-बलाघ' नामक उर्दू समाचार-पत्रों के सम्पादक; काँग्रेस के विशेष दिल्ली अधिवेशन (1923) के अध्यक्ष; रामगढ़ में आयोजित भारतीय राष्ट्रीय काँग्रेस के अध्यक्ष निर्वाचित (1940); पं० जवाहरलाल नेहरू के नेतृत्व में भारत सरकार के शिक्षा मंत्री (1947-1958)।
अब्दुल कादिर बवाज़िर	सूरत जनपद (गुजरात) के एक प्रसिद्ध मुस्लिम धार्मिक नेता और स्वाधीनता सेनानी; सरदार पटेल के सहयोगी; बारडोली किसान सत्याग्रह (1928) में सरदार पटेल के साथ कन्धे-से-कन्धा मिलाकर कार्य किया।
अब्बास तैयबजी	बड़ौदा राज्य के सेवानिवृत्त न्यायाधीश; गाँधीवादी तथा स्वाधीनता सेनानी; सरदार पटेल के सहयोगी।

अब्राहम लिंकन	अमरीका के लोकप्रिय राष्ट्रपतियों में से एक, जिन्होंने अमरीकी समाज से दासप्रथा को समाप्त किया।
इरविन (लार्ड)	भारत में ब्रिटिश वायसराय; 'गाँधी–इरविन सन्धि' (1930) के कारण अधिक प्रसिद्ध हुए।
इस्में (लार्ड)	लार्ड माउन्टबेटन के कार्यालय-प्रमुख; एक समय ब्रिटिश प्रधानमंत्री विन्स्टन चर्चिल के निकटतम मित्र।
उत्तमचन्द दीपचन्द शाह	गुजरात के एक प्रमुख स्वाधीनता सेनानी तथा सरदार पटेल के विश्वस्त, सामाजिक व रचनात्मक कार्यकर्ता ; स्वराज्य आश्रम बारडोली के वर्षों तक मंत्री रहे।
उमर सोबानी	मुम्बई के सुप्रसिद्ध पत्रकार, जो वर्षों तक 'बाम्बे-क्रानिकल' से जुड़े रहे; स्वाधीनता सेनानी और सरदार पटेल व गाँधीजी के निकटतमों में से एक।
एच०वी०आर० आयंगर	इण्डियन सिविल सर्विस के एक वरिष्ठ अधिकारी; प्रधानमंत्री पण्डित जवाहरलाल नेहरू के प्रमुख निजी सचिव; सरदार पटेल के अधीन गृह मंत्रालय के सचिव।
एटली (लार्ड)	वर्ष 1945-1951 के दौरान ग्रेट ब्रिटेन के प्रधानमंत्री और श्रमिक दल के नेता; 1946 में 'ब्रिटिश कैबिनिट मिशन' और 1947 में माउन्टबेटन को वायसराय के रूप में भारत

	भेजने वाले; इन्हीं घटनाओं के फलस्वरूप 15 अगस्त, 1947 को भारत की स्वतंत्रता सुनिश्चित हो सकी थी।
कन्हैयालाल माणिकलाल मुंशी	मुम्बई के सुप्रसिद्ध अधिवक्ता; काँग्रेसी नेता और 20वीं शताब्दी के तीसरे दशक में 'बम्बई विधान सभा' के सदस्य; स्वाधीनता सेनानी और भारतीय संविधान सभा के सदस्य; हैदराबाद राज्य में भारत के 'एजन्ट-जनरल'; पण्डित नेहरू के मंत्रिमण्डल के सदस्य और शताब्दी के छठे दशक में उत्तर प्रदेश के राज्यपाल; भारतीय विद्याभवन, मुम्बई के संस्थापक।
कमलाशंकर पण्डया	गुजरात के एक सुप्रसिद्ध स्वाधीनता सेनानी और सामाजिक कार्यकर्ता; सरदार पटेल के निकटतम साथी।
कर्ण सिंह	महाराजा कश्मीर के पुत्र, जो वर्ष 1949 में जम्मू-कश्मीर राज्य के प्रमुख व बाद में राज्यपाल बने; श्रीमति इन्दिरा गाँधी के मंत्रिमण्डल के एक सदस्य भी रहे।
कल्याणजी विट्ठलभाई मेहता	सूरत जनपद (गुजरात) के जाने-माने सामाजिक-रचनात्मक कार्यकर्ता व स्वाधीनता सेनानी; गाँधीजी तथा सरदार पटेल के निकटतम साथी।
काकासाहेब कालेलकर	गाँधीवादी विचारक तथा शिक्षाविद्, स्वाधीनता सेनानी व गुजरात विद्यापीठ के कुलपति।

कुलवन्त सिंह	भारतीय सेना के मेजर जनरल, जिन्होंने सरदार पटेल के निर्देश पर वर्ष 1947 में जम्मू-कश्मीर राज्य में सैनिक कार्यवाहियों का नेतृत्व तथा संचालन किया।
कुँवरजी विट्ठलभाई मेहता	कल्याणजी भाई मेहता के भाई; स्वाधीनता सेनानी व रचनात्मक कार्यकर्ता; असहयोग आन्दोलन व सविनय अवज्ञा (1930) में श्रेष्ठ भागीदारीकर्ता; गाँधीजी तथा सरदार पटेल के निकटतम साथी।
के० एफ० नरीमन	मुम्बई के प्रसिद्ध काँग्रेसी व वहाँ की महानगर इकाई के अध्यक्ष; 1937 में विधान सभा के लिए निर्वाचित हुए; पारसी-सम्प्रदाय के अग्रणी नेता।
खुशहालभाई पटेल	अग्रणी रचनात्मक कार्यकर्ता व गुजरात के स्वाधीनता सेनानी; सरदार वल्लभभाई पटेल के निकटतम कार्यकर्ताओं में से एक।
गोपालदास देसाई	'दरबारसाहेब' के नाम से सुविख्यात सौराष्ट्र क्षेत्र के एक छोटे से देशी-राज्य ढ़सा के पूर्व शासक; स्वाधीनता सेनानी एवं सामाजिक कार्यकर्ता; बारडोली किसान आन्दोलन (1928) तथा सविनय-अवज्ञा (1930) में बढ़-चढ़कर भागीदारी की; हरिपुरा में आयोजित भारतीय राष्ट्रीय काँग्रेस के अधिवेशन (1938) की स्वागत समिति के अध्यक्ष बनाए गए।

गोविन्द बल्लभ पन्त	उत्तर प्रदेश के वयोवृद्ध स्वाधीनता सेनानी व काँग्रेसी नेता; दो बार (1937 तथा 1946 में) प्रदेश के प्रधानमंत्री बने; पण्डित नेहरू के मंत्रिमण्डल में भारत के गृहमंत्री भी रहे।
चक्रवर्ती राजगोपालाचारी	'राजाजी' के नाम से सुप्रसिद्ध व मद्रास के अग्रणी काँग्रेसी नेता; महात्मा गाँधी के सहयोगी; मद्रास प्रान्त के प्रधानमंत्री; भारत के गवर्नर-जनरल (1948-50); पश्चिम बंगाल के राज्यपाल; पण्डित जवाहरलाल नेहरू के मंत्रिमण्डल में गृहमंत्री रहे।
चन्दुभाई देसाई	गुजरात के एक स्वाधीनता सेनानी तथा सामाजिक कार्यकर्ता; सरदार पटेल के निकटतमों में से एक थे।
चुन्नीलाल	स्वाधीनता सेनानी, रचनात्मक कार्यकर्ता और गुजरात क्षेत्र से सरदार पटेल के विश्वसनीय।
जगजीवन राम	बिहार के एक प्रमुख काँग्रेसी व अनुसूचित जातियों के नेता; संविधान सभा के सदस्य; अन्तरिम सरकार (1946) और पं० नेहरू के मंत्रिमण्डल के सदस्य (1947-1964); इन्दिरा गाँधी की सरकार में विभिन्न विभागों के मंत्री (1966-1977); मोरारजीभाई के नेतृत्व वाली जनता पार्टी सरकार में उपप्रधानमंत्री रहे।
जमनालाल बजाज	महात्मा गाँधी के निकटतम साथियों में से एक; नागपुर झण्डा सत्याग्रह (1923) में

	भागीदारी की; वर्षों तक भारतीय राष्ट्रीय काँग्रेस के कोषाध्यक्ष रहे।
जयरामदास दौलतराम	सिन्ध प्रान्त के एक प्रमुख काँग्रेसी और बीसवीं शताब्दी के तीसरे दशक में बम्बई विधायिका के सदस्य; बिहार के राज्यपाल (1947); पण्डित नेहरू के मंत्रिमण्डल के एक सदस्य।
जवाहरलाल नेहरू	स्वाधीनता आन्दोलन के एक अग्रणी नेता और काँग्रेस के अध्यक्ष (1929, 1936, 1937 व 1946); स्वतंत्र भारत के प्रथम प्रधानमंत्री (1947-1964)।
जीवराज मेहता	प्रसिद्ध डॉक्टर और बड़ौदा के प्रमुख काँग्रेसी; बड़ौदा राज्य के दीवान (1949 तक); गुजरात प्रान्त की स्थापना के बाद वहाँ के प्रथम मुख्यमंत्री।
जुगतराम दवे	सुप्रसिद्ध स्वाधीनता सेनानी और गुजरात के सामाजिक कार्यकर्ता; गाँधीजी तथा सरदार वल्लभभाई पटेल के निकटतमों में से एक।
जे०एन० चौधरी	वर्ष 1948 में हैदराबाद राज्य पर भारत की सैनिक कार्यवाही के समय थल सेना के मेजर-जनरल; हैदराबाद के सैनिक गवर्नर; 1965 में भारत-पाक युद्ध के दौरान थल सेना के अध्यक्ष।
टी० प्रकाशम्	आन्ध्र के अग्रणी काँग्रेसी व स्वाधीनता सेनानी; 1946-1947 में मद्रास प्रान्त की सरकार के प्रमुख रहे।

डी० के० मेहता	नारायण भास्कर खरे और रविशंकर शुक्ल के मंत्रिमण्डलों के सदस्य (1937-1939); मध्य प्रान्त के एक प्रमुख काँग्रेसी।
तजमुल हुसैन	बिहार के एक प्रमुख काँग्रेसी; भारतीय संविधान सभा और संसद के सदस्य रहे।
दादूभाई देसाई	बारडोली किसान आन्दोलन के समय (1928) बम्बई विधायिका से त्यागपत्र देने वालों में से एक; स्वाधीनता सेनानी और सामाजिक कार्यकर्ता थे।
द्वारका प्रसाद मिश्र	मध्य प्रदेश के एक प्रभावशाली काँग्रेसी नेता और स्वाधीनता सेनानी; राज्य के विभिन्न मंत्रिमण्डलों के सदस्य (1937 व 1946); राज्य के मुख्यमंत्री भी रहे।
नरहर विष्णु गाडगील	महाराष्ट्र के प्रमुख काँग्रेसी व स्वाधीनता सेनानी; संविधान सभा के सदस्य (1946-50); पं० नेहरू के मंत्रिमण्डल में मंत्री (1947-52); पंजाब के राज्यपाल (1958-62) रहे।
नारायण भास्कर खरे	नागपुर के एक प्रसिद्ध डॉक्टर एवं काँग्रेसी; मध्य प्रान्त के प्रधानमंत्री (1937) बने।
पी० बी० गोले	नारायण भास्कर खरे के काँग्रेसी मंत्रिमण्डल के एक सदस्य और मध्य प्रान्त के काँग्रेसी नेता थे।
बख़्शी गुलाम मुहम्मद	जम्मू-कश्मीर के प्रमुख राष्ट्रवादी तथा नेशनल काँफ्रेन्स में शेख अब्दुल्ला के सहयोगी; राज्य

	सरकार के मुखिया (1953-1962) रहे।
बलदेव सिंह	प्रमुख सिक्ख नेता और पण्डित नेहरू की सरकार में भारत के प्रतिरक्षा मंत्री बने।
बाल गंगाधर खेर	महाराष्ट्र के प्रमुख काँग्रेसी एवं स्वाधीनता सेनानी; 1937 व 1946 में मुम्बई राज्य के प्रधानमंत्री, तदोपरान्त मुख्यमंत्री; ब्रिटेन में भारत के उच्चायुक्त भी रहे।
बाल गंगाधर तिलक	महाराष्ट्र से काँग्रेस के एक महान नेता तथा स्वाधीनता सेनानी; स्वदेशी आन्दोलन (1905) के प्रमुख व्यक्ति व प्रेरक; 'मराठा' तथा 'केसरी' के सम्पादक; राष्ट्रीय मुक्ति आन्दोलन के दिनों में अनेक बार कारागार गए।
ब्रिज मोहन बिरला	बिरला औद्योगिक घराने के एक प्रमुख व्यक्ति तथा सामाजिक कार्यों में अग्रणी।
भक्तिबा देसाई	दरबार गोपालदास देसाई की धर्मपत्नी और गुजरात की सुप्रसिद्ध स्वाधीनता सेनानी तथा रचनात्मक कार्यकर्त्री।
भाईलालभाई अमीन	गुजरात के एक स्वाधीनता सेनानी तथा सामाजिक कार्यकर्ता; सरदार पटेल के निकटतम साथी।
भीमभाई नायक	गुजरात के सार्वजनिक जीवन में एक अग्रणी व्यक्ति और 20वीं शताब्दी के तीसरे दशक में बम्बई विधान परिषद के सदस्य।
भीमराव रामजी अम्बेडकर	सुप्रसिद्ध विधि-विशेषज्ञ और संविधान सभा की प्रारूप समिति के अध्यक्ष; पण्डित नेहरू

	के मंत्रिमण्डल के एक सदस्य (1947)।
भूलाभाई जे० देसाई	मुम्बई के एक प्रसिद्ध वकील तथा काँग्रेसी नेता; काँग्रेस कार्यसमिति के सदस्य (1937-1946); केन्द्रीय विधान सभा में काँग्रेस दल के नेता (1946)।
मणिबहन वल्लभभाई पटेल	गुजरात की सुप्रसिद्ध सामाजिक कार्यकर्त्री, स्वाधीनता सेनानी तथा सरदार पटेल की सुपुत्री; संसद-सदस्या (1952-1980) रहीं।
मदन मोहन मालवीय	काँग्रेस के अग्रिम पंक्ति के नेता; महान राष्ट्रवादी तथा शिक्षाविद्; भारतीय राष्ट्रीय काँग्रेस के अध्यक्ष (1919) और काशी हिन्दू विश्वविद्यालय के संस्थापक।
माउन्टबेटन (लार्ड)	भारत के वायसराय और गवर्नर-जनरल (1947); तदोपरान्त भारतीय उपनिवेश के गवर्नर-जनरल (1947-48)।
मीठुबहन पीटिट	मुम्बई के पीटिट परिवार की सदस्या; सुप्रसिद्ध सामाजिक कार्यकर्त्री तथा स्वाधीनता सेनानी।
मुख़्तार अहमद अंसारी	दिल्ली के एक अग्रणी स्वाधीनता सेनानी तथा काँग्रेसी नेता; भारतीय राष्ट्रीय काँग्रेस के अध्यक्ष (1927); असहयोग और खिलाफत आन्दोलन (1920) व सविनय अवज्ञा (1930) में भागीदारीकर्ता; काँग्रेस कार्यसमिति के लिए (1919, 1922 व 1930 में) नियुक्त।
मुहम्मद अली जिन्ना	मुस्लिम लीग के नेता तथा पाकिस्तान के

	पहले गवर्नर-जनरल (1947); भारत की केन्द्रीय विधान सभा के सदस्य (1930-34)।
मुहम्मद अली जौहर	असहयोग और खिलाफत आन्दोलन (1920) के एक प्रमुख नेता; 'कामरेड' तथा 'हमदर्द' के सम्पादक (1910-1920); जमीयत-उलेमा-ए-हिन्द के अध्यक्ष (1929); भारतीय राष्ट्रीय काँग्रेस के अध्यक्ष (1923) रहे।
मुहम्मद यूसुफ शरीफ	मध्य प्रान्त में एन० बी० खरे मंत्रिमण्डल के एक सदस्य (1937)।
मुहम्मद सादुल्ला	असम मुस्लिम लीग के एक प्रमुख सदस्य; राज्य के प्रधानमंत्री (1939)।
मेहरचन्द महाजन	पंजाब उच्च न्यायालय के एक न्यायाधीश; जम्मू-कश्मीर राज्य के प्रधानमंत्री (1947-1948); बीकानेर के महाराजा के सलाहकार रहे।
मोहनदास करमचन्द गाँधी	भारतीय राष्ट्रीय काँग्रेस के सबसे बड़े नेता (1920-1947); 'यंग इण्डिया', 'नवजीवन', 'हरिजन' व 'हरिजन-सेवक' के सम्पादक (1919-1948); काँग्रेस के अध्यक्ष (1924); लन्दन में आयोजित गोलमेज सम्मेलन (1931) में भागीदार।
मोहनलाल कामेश्वर पण्डया	गुजरात के प्रसिद्ध स्वाधीनता सेनानी, सामाजिक व रचनात्मक कार्यकर्ता; सरदार पटेल के निकटवर्ती साथियों में से एक।
रणजीत सिंह (महाराजा)	पंजाब के वीर और धर्मनिरपेक्ष सिक्ख शासक।

रविशंकर व्यास	महात्मा गाँधी व सरदार पटेल के निकटतम साथी और गुजरात के एक अग्रणी स्वाधीनता सेनानी तथा रचनात्मक कार्यकर्ता।
रविशंकर शुक्ल	मध्य प्रान्त के अग्रणी काँग्रेसी नेता और स्वाधीनता सेनानी; 1938 तथा 1946 में राज्य के प्रधानमंत्री, तदोपरान्त मुख्यमंत्री।
राजेन्द्र प्रसाद	बिहार से काँग्रेस के अग्रिम पंक्ति के नेता व इसके राष्ट्रीय अध्यक्ष (1935); भारत की संविधान सभा के प्रमुख (1947-1948); भारत-गणराज्य के राष्ट्रपति (1950, 1952 तथा 1957)।
रामचन्द्र काक	जम्मू-कश्मीर राज्य के प्रधानमंत्री (1945-1947); एक वरिष्ठ प्रशासनिक अधिकारी।
रैम्जे मैक्डानॉल्ड	बीसवीं शताब्दी के चौथे दशक में ग्रेट ब्रिटेन के प्रधानमंत्री; साम्प्रदायिक आधार वाली निर्वाचित पद्धति, जिसमें परिगणित जातियों का भारत के हिन्दुओं से पृथक्करण था, की घोषणा के कारण चर्चा में आए थे।
लियाकत अली खान	संयुक्त प्रान्त की मुस्लिम लीग के नेता; पं० नेहरू के नेतृत्व वाली अन्तरिम सरकार के सदस्य (1946-47); पाकिस्तान के प्रथम प्रधानमंत्री (1947) बने।
विट्ठलभाई पटेल	मुम्बई के प्रसिद्ध एडवोकेट और प्रमुख काँग्रेसी; मुम्बई विधान परिषद के सदस्य (1919) तथा भारत की केन्द्रीय विधान

	सभा के सदस्य, व इसके पहले भारतीय अध्यक्ष (1924–1930); सुविख्यात स्वराज्य दलीय नेता और सरदार पटेल के बड़े भ्राता।
विष्णुगुप्त चाणक्य	प्राचीन भारत के एक प्रसिद्ध राजनीतिक विचारक तथा मौर्य सम्राट चन्द्रगुप्त के गुरु और प्रधानमंत्री थे।
शंकरराव देव	महाराष्ट्र से काँग्रेस के एक प्रमुख नेता; प्रान्तीय समिति के प्रमुख और राष्ट्रीय महासचिव।
श्यामा प्रसाद मुखर्जी	शिक्षाविद् और हिन्दू महासभा के नेता; पण्डित नेहरू के मंत्रिमण्डल के सदस्य (1947-1950)।
सत्यमूर्ति	संविधान सभा के सदस्य और तमिलनाडु से एक प्रसिद्ध सांसद।
साँवलदास गाँधी	सौराष्ट्र के एक प्रमुख काँग्रेसी, स्वाधीनता सेनानी व सामाजिक कार्यकर्ता; जूनागढ़ में जनान्दोलन के नेतृत्वकर्ता।
सिडनी काटन	आस्ट्रेलियाई, जो पाकिस्तान के माध्यम से हैदराबाद राज्य को हथियारों की आपूर्ति करते थे।
सुभाष चन्द्र बोस	बंगाल से अग्रिम पंक्ति के काँग्रेसी व स्वाधीनता सेनानी; हरिपुरा (1939) व त्रिपुरी (1939) काँग्रेस अधिवेशन के अध्यक्ष; 'आजाद हिन्द फौज' और 'आजाद हिन्द सरकार' के प्रमुख, जो द्वितीय विश्व युद्ध के समय स्थापित की गई थी।

स्वामी रामानन्द तीर्थ	हैदराबाद राज्य के सुप्रसिद्ध स्वाधीनता सेनानी तथा राज्य काँग्रेस समिति के अध्यक्ष।
हरिभाई अमीन	बीसवीं शताब्दी के तीसरे दशक में 'बम्बई विधायिका' के सदस्य व स्वाधीनता सेनानी।
हरि सिंह (महाराजा)	जम्मू-कश्मीर राज्य के अन्तिम डोगरा शासक (1925-1953)।
त्रिभुवनदास किशीभाई पटेल	खेड़ा जनपद, गुजरात के एक प्रमुख स्वाधीनता सेनानी और भूतपूर्व संसद सदस्य।

◆◆◆

तप्त मरुथल में भटकते पथिक का सम्बल बना,
दीन-दुखियों के लिए जो भावना का जल बना।
है नमन, उस देवता को नमन शुभ-संकल्प को,
भारती माँ के सपन का जो सुनहरा कल बना।।

– मनोज कुमार 'मनोज'

शक्ति की मीनार

"यह एक बहुत बड़ी कहानी है, जिसे हम सब जानते हैं और सारा देश भी जानता है। इसे इतिहास के अनेक पृष्ठों में लिखा जाएगा, जहाँ उन्हें नए भारत का निर्माता तथा एकीकरणकर्ता बताकर उनके विषय में अन्य अनेक बातें भी लिखी जाएँगी। स्वातंत्र्य-युद्ध की हमारी सेनाओं के एक महान सेनापति के रूप में उनको हममें से अनेक व्यक्ति सम्भवतः सदा स्मरण करते रहेंगे। वह एक ऐसे व्यक्ति थे, जिन्होंने संकटकाल में तथा विजय की वेला में सदा ही ठोस और उचित परामर्श दिया। वे एक ऐसे मित्र, सहयोगी तथा साथी थे, जिनके ऊपर निर्विवाद रूप से शक्ति की ऐसी मीनार के रूप में भरोसा किया जा सकता था, जिसने हमारे संकट के दिनों में हमारे दुविधा में पड़े हुए हृदयों को पुनः शक्ति प्रदान की।"

- जवाहरलाल नेहरू

(प्रथम प्रधानमंत्री, भारत सरकार)